여행하며 배우는 해양 현상

#Sea and Travel

# 바다 그리고 여행

변상신 지음

박영사

바다
그리고
여행

# 프롤로그

나는 내 수업을 듣는 학생들에게 꼭 들려주고 싶어 언제나 입버릇처럼 전하는 말이 있다.

"여러분들이 수업 시간에 배우는 내용은 우리 일상생활과 밀접한 연관이 있고, 실무에 나가서 군함과 잠수함을 타고 항해를 하거나 작전을 할 때도 활용되므로 꼭 필요한 겁니다. 그러니까 중간고사, 기말고사 시험을 치고 나서 억지로 잊어버리려고 노력하면 안 됩니다. 알겠죠?"

매년 내 수업을 듣는 학생들에게 어김없이 전하는 나의 신념과도 같은 말. 꼭 들려주고 싶기에 어느새 입버릇처럼 되어버린 이 말은 나의 오랜 경험에서 비롯된 것이다.

• • • • •

　나는 사관학교 시절 해양학 전공을 선택하였다. 사관학교를 졸업하면 해군 장교로 임관한다. 그래서 일반 대학처럼 전공 지식을 활용하여 대학원을 가거나 취직 또는 창업을 하는 것이 아니므로 전공이 그리 중요하지 않게 여겨지곤 한다. 그래서인지 나도 전공 지식을 향후에 활용하겠다는 인식이 매우 부족하였다. 더구나 수업을 들으며 학습한 내용이 향후에, 그리고 실무에서 어떻게 활용될 수 있는지에 대한 이야기를 들어본 기억이 없다.

　그런데 졸업 후 군 생활이 2년 정도 지난 뒤 우연찮게 석사과정 위탁교육 기회가 찾아왔다. 나는 그때까지 단 한 번도 위탁교육을 생각해본 적이 없었는데, 내가 모시던 지휘관께서 석사과정 선발 시험에 응시해 보라고 추천해 주셨던 것이다. 나는 한참 고민이 되었다. 석사학위를 받을 수 있는 기회를 얻는다는 것은 행운이지만, 이제 실무 생활을 2년 남짓 한 상태에서 그만큼의 시간을 일반 대학에서 보낸다면 나의 군 경력에 악영향을 주지 않을까라는 생각 때문이었다. 그래서 조심스레 그런 고민을 말씀드려 보았는데, 시험 응시를 추천해주셨던 지휘관님은 "그런 건 걱정 안 해도 돼. 학위 끝나고 돌아와서 열심히 하면 되고, 지나고 보면 그 기간은 그렇게 긴 시간이 아님을 알게 될 거야."라고 말씀해 주셨다. 그 말을 듣고 나는 용기가 생겨 위탁교육생 선발 시험에 응시하여 석사학위 과정 기회를 얻게 되었다.

　그렇게 해양학이라는 학문과 나의 인연은 다시 이어지게 되었는데,

막상 나의 석사과정은 결코 만만치가 않았다.

해군 장교로 단기 복무한 경험이 있으셨던 내 지도교수님은 나에게 이런 말씀을 하셨다. "석사과정이 결코 군대보다 쉽지 않을걸." 나는 그냥 농담으로 하시는 말씀인 줄 알고 웃어넘겼다. 하지만 한 달이 채 지나기 전에 나는 그 이유를 조금씩 피부로 느껴가고 있었다. 연구실 학생들은 수많은 일들을 처리해야 했던 관계로 의자에 기대어 밤을 지새우는 일이 허다했다. 상상이 될지 모르겠으나, 나는 빨리 군대로 돌아가고 싶다는 생각이 들었고, 다시는 공부하지 않겠다고 다짐했을 정도였다 (보다 자세한 이야기는 궁평항 여행기에서 좀 더 다루도록 하겠다). 아무튼 그 당시 같은 연구실에서 함께했던 학생들 모두 나와 비슷한 어려움을 겪은 터라 지금도 만나면 자연스레 그때의 일을 떠올리며 한참이나 이야기하곤 한다.

그런데, 암울했던 기억도 시간이 지나면 자연스레 잊히는 것일까? 석사학위를 받은 지 5년 후 나는 다시 박사과정 위탁교육을 가게 되었다. 의도치 않게 사관학교 시절부터 박사까지 해양학을 지속적으로 공부하게 된 것이다.

그러면서 느껴온 것이 있다. '내가 석사를 할 줄 알았다면 사관학교 시절에 좀 더 열심히 공부하고 잊지 않으려고 노력할걸, 박사를 할 줄 알았다면 석사과정 때 좀 더 많은 모델을 배워보고 코딩도 열심히 해 둘걸. 또 박사학위를 받고 실무 생활만 할 줄 알았는데, 그 후 10년 뒤 사관학교 교수로 올 줄 알았다면 학술 연구에 좀 더 관심을 가져 둘걸.' 이렇게 나는 수없이 많은 후회를 경험했던 것이다. 더구나 2급함(중령 계급의 지휘관이 운용하는 함정) 함장으로 근무 중 각종 장비를 운용할 때, 그리고 해양정보단 대잠분석평가과장으로 근무할 때, 해양과학적 지식이 현장에 얼마나 유용하게 활용될 수 있는지를 체감하였다. 생도 시절 전공 공부를 그리 중요시 여기지 않다가 우연찮게 공부를 계속하게 되고 관련 지식을 현장에 활용해 봄으로써 나는 비로소 그 중요성을 알게된 것이다. 하지만 그런 경험을 해보지 않은 대다수의 학생들은 전공 선택과 전공 공부가 왜 중요하고 어떤 의미가 있는지를 잘 모를 것 같다.

그래서 나는 생도들에게 나와 같은 실수를 반복하지 않도록 조언해주고 싶은 것이다. 내가 박사학위까지 취득하게 될 줄 몰랐고, 이후 실무에서 10년간 근무하며 쌓았던 경험이 이제는 사관생도들을 가르치는 데 그토록 유용하게 활용될 줄이야 꿈에도 몰랐기 때문이다.

언젠가 어떤 원로 박사님이 나에게 해 준 말이 있다. "당신은 학부부터 박사까지 해양학을 지속적으로 공부했고, 함장을 하면서 본인이 가진 지식을 활용하여 장비도 직접 운용해 보았고, 해양정보단에서도 관련 지식을 잘 적용하는 등 독특한 경력을 갖추고 있다. 학문하는 사람은 주로 학문만 하고, 군에 있는 사람은 실무만 하는데, 특이하게도 당신처럼 학문과 실무 경험을 모두 갖춘 사람은 드물다. 대한민국에서 당신과 같은 경력을 갖춘 사람이 과연 몇 명이나 있을까? 그래서 당신은 희귀한 박사(Rare Doctor)다."

나에게는 신선한 충격이었다. 사람은 인정받는 욕구가 가장 크다고 하였던가? 나를 인정해주는 말이니 참으로 감사할 따름이다. 그래서 돌이켜 생각해보면, 내가 사관생도들에게 '수업 시간에 배우는 내용이 어떻게 실무에서 활용될 수 있는지'를 가르쳐줄 수 있는 이유도 나의 이러한 독특한 경험 덕분이라는 생각이 든다.

이 글을 쓰는 이유도 이와 무관치 않다. 우리나라는 삼면이 바다로 둘러싸여 있고 수출로 먹고사는 나라이다. 거기다 바다가 없다고 생각해보자. 멋진 모래사장에서의 낭만과 아름다운 해변에서의 휴양, 그리고 넘실대는 파도를 타고 미끄러지듯 즐기는 서핑과 신비한 바닷속을 탐험하는 스쿠버다이빙 등 몇 가지만 꼽아 보아도 우리에게 바다는 너무도 가깝고 소중한 존재이지 않은가?

그래서 우리는 바다에서 일어나는 현상들을 잘 이해하고 활용해야 하며, 해양을 공부하는 사람들도 많아져야 함이 당연하다. 그런데 내가 느껴온 바로는 해양 현상이 많은 사람들에게 그리 친숙하지만은 않은 것 같다. 해양 물리 현상은 친숙하기는커녕 복잡한 수식으로 이루어진 어렵고 난해한 존재로만 인식되기 일쑤이다.

그래서 나는 이 글을 통해 바다는 우리와 친숙한 곳이며, 그곳에서 일어나는 현상들은 매우 흥미롭고, 또한 잘 활용할 수 있는 존재임을 알려주고 싶다.

바다는 육지가 있기에 그 존재 가치가 더욱 빛난다. 바닷가 인근의 멋진 곳을 여행하며 힐링도 하고, 더불어 그곳에서 일어나는 해양 현상도 함께 알아간다면 더할 나위 없이 좋은 여행이 되지 않을까?

가족과 함께, 연인과 함께, 때로는 어린아이의 손을 잡고 가까운 바다로 여행을 떠나보면 어떨까? 또, 그곳에서 일어나는 현상들을 눈으로 직접 보고 서로 대화하며 즐거운 시간을 보내면 좋을 것 같다. 물론 혼자여도 좋다.

태산은 좋은 흙과 나쁜 흙을 가려 받지 않아 그렇게 우뚝 설 수 있었고, 바다는 개울물도 큰 강물도 가려 받지 않았기에 저토록 넓고 깊어질 수 있었다.

모든 것을 편견 없이 받아들여 아픔을 치유하고 인류를 이롭게 하는 바다에 대해 우리는 여태껏 너무도 무관심하게 대한 것은 아닐까?

. . . .

부족한 글이지만, 이 책이 바다에 대한 사랑과 관심을 불러일으키는 한 줄기 작은 물결이 되었으면 한다.

# 차 례

바다 그리고 **해양 현상**

# 01

## 나에게 바다란?

그래서 나에게 바다란 어떤 의미인가?

바다 그리고 여행

# 나에게 바다란?

나는 어린 시절 바다가 없는 시골 마을에서 자랐다. 대신 자그마한 동네 둑 너머로 낙동강이 흘렀고, 수영을 잘하는 형들은 물살이 강한 그 강을 건너갔다 오며 홍합을 따 오기도 하였다. 그러나 나는 바로 위의 형이 물놀이를 하다 큰일 날뻔한 일이 있어, 깊은 물에서 수영하는 것은 부모님으로부터 엄격히 금지되어 물과는 썩 친밀한 사이가 될 수 없었다. 어린 시절 강가에서 수영 한번 제대로 해보지 못했던 내가 어떻게 바다와 인연을 맺게 되었을까?

· · · · ·

중학교 시절 아주 오래된 영화 "빨간 마후라"가 TV에서 방영된 적이 있는데 아직까지 기억에 남는 장면이 있다. 빵집에 젊은 남녀가 모여 담소를 나누다 남자 주인공이 직각 식사로 빵을 먹는 장면이었다. 그때는 그게 왜 그렇게도 멋져 보였는지 모르겠다. 그러던 차에 중학교 3학년쯤 되었던 때였을까? 하얀 제복을 입고 007 가방을 든 사관생도가 거리를 거니는 모습이 또 왜 그리도 멋있다는 생각이 들었는지 모르겠다.

아마도 그때부터였던 것 같다. 내가 해군사관학교에 가야겠다고 생각하기 시작한 것이. 그 뒤로 나는 해군사관학교에 가야 하는 당위성을 스스로 찾고 만들어 나갔던 것 같다.

역사적으로 해양 강국이 흥했고, 우리나라도 장보고, 이순신 등 훌륭한 인물이 있어 바다를 통제할 능력이 있던 시기에는 아무도 우리를 얕잡아보지 못하였던 것. 그것이 나를 더더욱 이곳으로 이끈 것이 아닐까? 어느 순간 나는 꼭 해군 장교가 되어 우리나라가 그 누구도 얕잡아보지 못하는 해양 강국으로 거듭나는 데 역할을 해야겠다는 큰 포부를 다지게 되었다.

그 뒤로 고등학교 3학년이 될 때까지 해군사관학교에 진학해야겠다는 목표가 단 한 번도 바뀌어 본 적이 없다. 그래서 나는 1993년에 해군사관학교에 입학하였고 이 글을 쓰고 있는 2023년 지금은 그 뒤로 30년이 지난 시점이다. 참으로 시간이 빠르게 흐른다는 말을 실감하는 순간이다. 그러나 그 과정이 꼭 순탄했던 것만은 아니었다.

수영을 제대로 배워보지 못한 나는 사관학교에 최종 합격을 하고 담임선생님께 말씀드려 야간 자율학습 시간에서 빠져 한 달간 실내 수영장을 다니기로 하였다. 나는 한 달 후 사관학교에 입학해야 했기 때문에 수영을 빨리 배워야 했다. 그러나 수영 강사와 수영을 배우는 강습생들 그 누구도 나처럼 마음이 급한 사람이 없었다. 우여곡절 끝에 나는 자세가 좋지는 않았지만 나름 스스로 터득한 자유형 영법으로 수심 1.4m의 수영장에서 약 50m를 이동할 수 있게 되었다. 그래서 나를 가르치던 수영 강사에게 내 수영 능력이 어떤지 봐달라고 하였다. 그러나 돌아온 대답은 충격이었다.

"킥판 잡고 더 연습하세요."

그렇게 나름 수영을 연습하고 사관학교에 입학하여 드디어 수영 능력 테스트를 위해 실내 수영장에서 25m를 이동하는 기회가 왔다. 나는 '50m도 가 보았는데 25m쯤이야 우습지'라고 생각하며 내 차례가 되어 물속을 바라보았다. 그런데 이게 웬일인가? 내가 보던 실내 수영장이 아니었다. 바닥이 훤히 비치고 밝았던 수영장은 온데간데없고 바닥이 전혀 보이지 않아 그 깊이가 어느 정도인지 가늠할 수 없을 정도였다. 이곳은 실내 수영장이 아니라 마치 험난한 바다 같았다. 나는 겁이 덜컥 나 25m는커녕 5m도 제대로 수영을 하지 못하였다. 어떻게 건너갔는지 기억이 나지 않을 정도로 인사불성이 되었던 순간이었다. 글을 쓰는 지금이야 씩 웃으며 회상하지만 말이다.

그렇게 나의 험난한 생활은 시작되었다. 그러나 밤이 길어도 언젠가 아침은 오지 않던가.

해군사관학교에서는 매년 여름 하루 종일 수영만 하는 수영훈련 집중 기간이 있다. 제일 마지막 날에는 단체로 줄을 지어 섬을 한 바퀴 돌고 오는데 그 거리가 약 5km 정도 되는 듯하다. 1학년 때는 수영이 너무 힘들었지만, 계속 연습하다 보니 어느 순간 인명구조 자격증도 따고 3학년 때는 스쿠버다이빙 자격증도 따게 되어 4학년 순항훈련 중 세계적으로 유명한 다이빙 포인트인 사이판의 Grotto에서 스쿠버다이빙을 즐기기도 하였다.

그렇게 물과는 썩 친하지 않았던 내가 어느새 바다와 많이 가까워지고 인연은 점점 깊어져 가고 있었다.

그 뒤로 나는 소위로 임관하여 초계함, 고속정, 광개토대왕함급 구축함, 행양정보함 함장 등을 거치며 함정 근무만 약 10년을 하였고, 사관학교 시절 해양학 전공을 살려 석사와 박사과정 위탁교육 기회를 얻어 해양물리학 박사학위를 취득한 뒤 해군본부와 해양정보단 등 주요 육상 근무를 거쳐 2019년 말부터 해군사관학교 해양학과 교수로 근무하게 되었다.

· · · · ·

그래서 나에게 바다란 어떤 의미인가?

사관학교 시절 나에게는 고난인 동시에 즐거움의 공간이었고, 실무에서는 변화무쌍한 바다에서 집채만 한 파도와 싸워야 하는 힘들고 또한 두렵지만 반드시 이겨내야만 하는 도전의 대상이었으며, 학생들을 가르치는 지금은 미지의 세계이며 연구와 탐험의 세계, 그리고 없어서는 안 될 가까운 친구와 같은 존재이다.

나에게 이처럼 다양한 의미를 가진 바다에 대해 내가 여행하며 알고 느끼고 체험한 흥미롭고 즐거운 이야기를 들려주고 싶다.

해안에 밀려오는 파도가 아름다운

# 강릉 경포해변

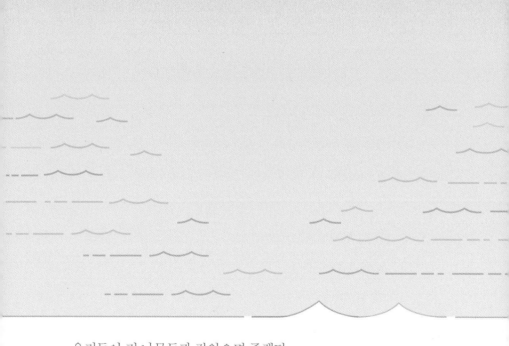

우리들이 저 나무들과 같았으면 좋겠다.

세상의 고통에 굴복하지 않고 도리어 성장하는 저 나무들처럼 말이다.

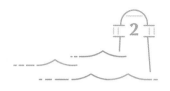

해안에 밀려오는 파도가 아름다운
# 강릉 경포해변

2023년 4월 강원도 강릉에 강풍(초속 30m)을 동반한 산불이 발생하여 긴급한 상황이 전개되었다. 보물로 지정된 경포대 인근까지 화재가 접근함에 따라 사전 살수 작업을 거치는 동시에 현판을 급히 떼어내 옮기는 등 화마와 치열한 사투를 벌이게 된 것이다. 인근의 방해정과 상영정 등이 전소되었으나 다행히 경포대는 온전히 보전할 수 있었다.

TV를 통해 이러한 진행 상황을 전해 듣고 있으려니 가슴이 조마조마하였다. 혹시 과거의 안타까운 상황이 재연되지나 않을까 해서 말이다. 돌아보면 지난 2005년 4월 초에도 양양에 거대한 산불이 발생한 적이 있었다. 이로 인해 보물 479호인 낙산사가 전소되었다. 하지만 이번에는 그런 아픔이 재연되지 않아 참으로 다행이라는 생각이 든다. 어릴 적 수학여행으로 오죽헌과 경포해변에 가본 적이 있어 더 그런 것일지도 모른다.

．．．．．

　흔히 강릉 경포대라 하면 지역명 또는 해변을 떠올린다. 하지만 경포대는 해변이나 지역명이 아니라 오죽헌과 경포 해수욕장 사이에 있는 정자를 일컫는 말이다. 경포대는 국가지정문화재 보물 제2046호로 지정되어 있다.

　사실 부끄럽지만 나도 최근까지 경포대라는 정자가 있다는 사실을 잘 몰랐고, 경포대에 직접 올라 본 적은 더더욱 없었다. 그래서 이번에는 경포해변에 들르기 전에 먼저 경포대에 가보고 싶다는 생각이 들었다. 만약 화마가 휩쓸고 지나갔다면 다시 보지 못할 뻔하지 않았던가? 그래서인지 경포대를 꼭 보고 싶다는 생각이 더욱 간절해졌다.

　상상만 하며 떠나기를 망설이는 사람들을 위해서일까? 요즘 강릉으로 가는 교통편은 정말 많이 좋아졌다. 그래서인지 주저 없이 경포대로 향하게 만들었다. 서울역에서 KTX를 타고 창밖으로 보이는 풍경들을 바라보며 이런저런 생각을 하다 보니 이내 강릉역에 도착하였다. 서울에서 강릉까지 채 2시간이 걸리지 않는다니 가히 교통의 혁명이라 하지 않을 수 없다.

　그렇게 발을 내딛게 된 강릉 경포대. 그 입구에 설치된 표지석을 보면 경포대에 대한 설명이 자세하게 적혀 있었다.

　강릉 경포대는 정면 5칸, 측면 5칸의 큰 규모로 우리나라를 대표하는 정자이며 경포호 방향으로 단을 높여 마루를 만들고, 좌우로 한 단을 더 높여 누마루를 만들어 전체적으로 내부를 3단으로 구성하였는데, 이는

| 경포대 전경 | 후면에서 바라본 경포대

일반 누정에서는 볼 수 없는 특징이다. 경포대 내부에는 율곡 이이 선생이 10세 때 지었다는 경포대부를 비롯하여 숙종의 어제시 및 유명한 문장가로 알려진 조하망의 상량문 등 여러 명사들의 글이 걸려 있다고 한다.

이러한 설명을 보니 경포대가 보다 유서 깊고 훌륭한 문화재라는 것을 알 수 있었다. 그래도 역시 여행은 백 번의 설명보다 한 번의 경험이 훨씬 와닿지 않던가. 표지석을 지나 계단으로 조금만 올라가면 경포대가 한눈에 들어온다. 아름드리나무에 둘러싸인 경포대의 정취란. 참으로 아름답기 그지없다.

경포대에 올라보면 경포호가 한눈에 들어오고 시원한 바람이 불어온다. 이러한 곳에서 한쪽으로는 경포호를, 또 한쪽으로는 푸른 숲을 바라보며 선비들이 풍류를 즐기고 한가로이 시를 읊었을 법하다.

경포대는 처음 와본 탓인지 모든 것이 생소하지만, 또 한편으론 정겨

움이 느껴져 신기한 기분이다. 경포대 주변으로 산책길이 있어 조금 더 걸어보기로 했다. 작은 오솔길을 따라 숲속으로 들어가자 매캐한 냄새가 나기 시작했는데, 주변을 살펴보니 화마의 흔적이었다. 수많은 소나무가 검게 그을려 있었던 것이다. 산불의 범위가 얼마나 컸으며 그 위용이 또한 어느 정도였을지 단번에 짐작이 갔다.

이런 장면을 마주할 때마다 자연의 힘이 얼마나 대단한지, 그리고 그에 비하면 사람은 얼마나 보잘것없는 존재인지 느끼게 된다.

. . . .

검게 그을린 소나무들을 안타까운 마음으로 유심히 살펴보았다. 그런데 신기하게도 소나무 저 높은 끝자락에 푸릇푸릇 잎이 조금씩 돋아나고 있는 것이 아닌가? 겉은 검게 그을렸을지언정 이 나무들은 죽지 않고 강한 생명력을 유지하고 있었다. 참으로 놀랍고 다행스러운 장면이었다.

| 화마로 검게 그을린 소나무 숲

내 삶을 송두리째 삼켜버릴 것 같은 깊은 고통의 화염 속에서도 과연 새 살이 돋을 수 있을까? 살아가면서 필연적으로 어려움을 겪을 수밖에 없는 우리들은 이런 의문을 한 번쯤 던져보았을 것이다. 나이가 들면서 깨달음도 많이 얻었지만 상처 또한 깊어지는 나로서도 자꾸 의문이 들기에 함부로 단언할 수 없을 것 같다.

그래서일까?

불에 타버린 소나무들을 바라보며 나도 모르게 내 심장이 강하게 요동치는 것을 느낄 수 있었다. 이 나무들도 머지않아 새 살이 돋고 언젠가 아픈 흔적조차 기억하지 못할 정도의 멋진 모습으로 이 경포대를 다시 지키고 있지 않을까? 그러기에 나는 믿고 싶다. 고통은 우리를 오히려 성장시키고 있다는 것을 말이다. 그래서 우리들이 저 나무들과 같았으면 좋겠다. 세상의 고통에 굴복하지 않고 도리어 성장하는 저 나무들처럼 말이다.

아무리 찢기고 때려지고 불에 지져도 굳건히 버텨내는 강인함, 이는 내면이 흔들리지 않고 단단하기 때문일 것이다.

이처럼 흔들리지 않는 자신만의 믿음이 있다면 고통 속에서도 다시 희망의 싹이 돋고 아름다운 꽃을 피울 수 있지 않을까?

이러한 재앙을 굳건히 이겨낸 경포대가 정말 대단하고 자랑스럽다. 앞으로 괴로운 일도 상처받을 일도 많겠지만 그때마다 나는 이곳 경포대가 많이 생각날 것 같다.

· · · ·

화마를 이겨낸 경포대, 벅차오르는 감정에 나무 앞에서 시간이 가는 줄 모른 채 한동안 서 있었던 것 같다. 그렇게 감동을 한 아름 가슴에 품으니 왠지 조금 더 가벼워진 발걸음. '경포대를 좀 더 둘러보고 싶어'라는 속삭임이 마음속 깊은 곳으로부터 들려오는 것 같았다. 이에 반응이라도 한 듯 주위로 눈을 돌리는 찰나, 소나무 숲 아래 또 다른 작은 정자 하나가 눈에 띄었다. 머릿속의 뉴런이 아닌, 심장이 그곳으로 날 강하게 이끌었다. 나도 모르게 가까이 다가갔다.

그런데, 그곳은 정자가 아니었다. 고려말 충신 포은 정몽주 선생의 영을 모신 영당 '전충사'라는 곳이었다. 나라에 대한 올곧은 그의 애국심과 화마에도 포기를 모르는 소나무의 기개와 지조가 어찌 그리 닮았을까? 경포대와 정몽주, 어쩌면 정몽주 선생의 올곧은 마음이 소나무에게 전해져 한 줄기 희망이 되었는지도 모른다.

30년간 군 복무를 하며 우여곡절도 많았지만 나라에 대한 마음과 생도

| 정몽주 선생의 영을 모신 전충사

들에 대한 애정만큼은 자부할 수 있는 나. 정몽주 선생과 소나무처럼 나
의 작은 마음이 생도들에게도 조금이나마 전해졌으면 좋겠다는 생각이
문득 들었다.

경기도 용인시에 봉향 중인 진영을 모사한 이곳 전충사. 자칫 모르고
지나칠 뻔하였는데, 이곳에 이런 영당이 있다는 것을 알게 된 것도 참 감
사한 일이다.

• • • •

그렇게 경포대 주변을 한 바퀴 돌아 나와 다음 목적지인 경포해변으
로 발걸음을 돌렸다. 이곳에 온 또 다른 이유가 넓은 백사장과 소나무
숲이 어우러진 경포해변에서 밀려오는 파도를 유심히 관찰해보고 싶어
서였기도 하니 말이다.

강릉 경포해변은 정말 해수욕하기 좋은 곳이기도 하지만 소나무 그늘

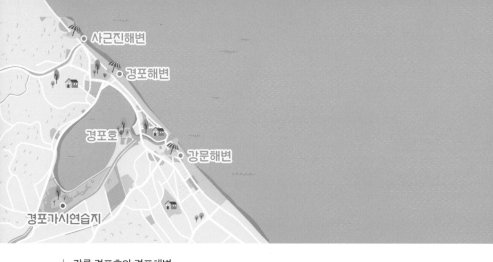

| 강릉 경포호와 경포해변

아래로 난 데크로드를 따라 산책하기에도 안성맞춤이다. 그래서 개인
적으로 뙤약볕이 내리쬐는 해변보다 이곳이 더 정겹게 느껴진다. 데크
로드를 따라 북쪽으로 산책을 하다 보면 쓰나미 대피 안내 표지판이 설
치되어 있는 모습을 볼 수 있다. 일본 서쪽 해안에서 쓰나미가 발생하면
한반도 동해안에 큰 해일이 닥칠 수 있는데, 1983년 5월 26일과 1993년
7월 12일 각각 일본 아키타현 서쪽과 홋카이도 오쿠시리섬 북서쪽에서
발생한 지진에 의해 강원도 동해안에 해일 피해가 발생한 사례가 있었
다. 따라서 유사 사례에 대비하여 대피 장소를 안내하기 위한 표지판을
설치한 것이므로 많은 사람들이 관심을 갖고 한 번쯤 살펴보았으면 하
는 바람이다.

| 강릉 경포해변에서 밀려와 부서지는 파도

· · · ·

   내가 방문한 당시는 해수욕장 개장을 준비 중인 시기라서 관광객들은 그리 많지 않았는데, 그래서 더 좋았다. 나는 사람들이 붐비는 성수기보다 인적이 드문 비성수기에 여행을 즐기는 편인데, 그래야 사진을 찍기도 좋고 숙박을 예약하거나 교통편을 예약하는 데도 훨씬 수월하기 때문이다.

   한적한 경포해변에 서서 먼바다를 바라보며 밀려오는 파도를 지켜보고 있노라면 마음이 편안해짐을 느낀다. 파도가 부서지는 소리가 왠지 안정감을 주는 것 같다.

   그런데 밀려오는 파도를 바라보면 신기한 현상이 있다는 것을 발견한다. 그건 바로 파도가 항상 해안과 평행한 방향으로 밀려온다는 것이다. 왜 그럴까? 아마도 대부분의 사람들은 이러한 현상을 당연하게 받아들여 의문을 갖지 않으므로 이상하지 않을 수도 있을 것이다.

하지만 나는 그러한 원리에 대해 공부하고 학생들을 가르쳐온 입장이라 실제 그 자연 현상을 바라보고 있으면 여간 신기하지 않을 수 없다.

또 파도는 밀려오며 부서진다. 그래서 파도가 부서지며 일으키는 하얀 물보라를 바라볼 수도 있고 부서지면서 발생하는 소리도 들을 수 있어 좋다.

그렇다면 파도가 부서지는 이유도 있을까? 파도가 부서지는 것도 분명 원리가 있다. 파도가 부서진다는 것은 연안으로 밀려오며 파고가 높아져 결국 안정도를 잃기 때문에 발생하는 것인데 그러한 원리에 대해서는 뒤에서 설명하기로 하겠다.

· · · ·

장거리 이동 후 경포대와 경포해변 산책을 하다 보니 허기가 지기 시작했다. 점심도 적게 먹은 터라 저녁은 좀 과하게 먹어도 될듯하였다. 경포해변과 이어져 있는 강문해변 인근에 많은 식당들이 있는데, 그중에서도 전복해물뚝배기 집으로 향했다. 이 집의 메뉴는 전복이 들어간 뚝배기와 물회 등이 주메뉴였고, 사장님께 여쭤보니 장사를 시작한 지 15년도 훨씬 넘었다고 한다. 밑반찬도 단출하고 메인 메뉴에 집중하는 것 같았다. 뚝배기에 든 해산물은 쫄깃한 식감과 함께 신선함이 느껴졌고, 사장님이 설명해주신 대로 오징어 젓갈을 밥에 비벼 김에 싸서 먹는 맛도 일품이었다.

식사를 끝내고 차 한 잔의 여유를 즐겨보고자 강릉에서 유명한 커피 거리로 이동하였다. 한 손에 든 커피와 함께, 해안가에서 불어오는 선선한

| 저녁식사로 주문한 전복해물뚝배기

바닷바람을 맞으며 잠시 산책을 하였다. 각양각색의 카페들과 밤바다를 구경하며 걷다 보니 어느새 나는 강릉항 방파제까지 와 있었다. 항내에는 쾌속 여객선이 한 척 정박하고 있었는데, 아마도 저 여객선은 내일 아침 일찍 여행에 설레는 많은 사람들을 싣고 울릉도로 떠나지 않을까? 강릉에서 울릉도로 가는 여객선이 있다는 이야기를 들은 적이 있는데 아마도 그 출발지가 이곳인 모양이다.

방파제를 돌아 나오며 바라보는 커피 거리의 모습은 훨씬 더 운치가 있었다. 형형색색의 조명들이 바다를 비춰 마치 물 위에 무지개가 뜬 것처럼 보였다. 이 장면을 놓칠세라 나는 얼른 카메라 셔터를 눌렀다. 아치형으로 길게 늘어선 카페들과 밝은 조명, 그리고 어두운 밤하늘과 잔잔한 밤바다. 나는 마치 외국의 휴양지에 와 있는 기분이 들었다.

일상에 지친 사람들이 여행을 떠나는 이유는 바쁜 일상 속에서 자꾸만 놓치고 마는 여유를 다시 찾기 위함이 아닐까? 강릉의 커피 거리엔 여유

| 강릉 커피 거리의 야경

가 가득했다. 다급함은 잊은 채 행복하게 웃는 사람들, 파도 소리를 들으
며 생각에 잠기는 사람들, 많은 사람들의 박수를 받으며 즐겁게 노래하고
연주하는 사람들...

이들 덕분인지 내 마음도 한결 가벼워지고 여유로워지는 듯했다. 그래,
이런 게 여행이지.

## 파도는 왜 해안에 평행하게 밀려오고 어떤 원리로 부서지나요?

수심에 비해 파장이 상대적으로 매우 긴 장파를 '천해파'라고 하는데, 수심이 얕은 해변으로 밀려오는 해파는 주로 천해파가 된다. 천해파의 속도는 중력가속도(g)와 수심(h)의 함수로 표현된다($\sqrt{gh}$). 따라서 수심이 깊으면 이 해파의 속도는 빨라지고, 수심이 얕은 곳을 지날 때는 속도가 느려진다.

군대 제식훈련을 떠올려 보자. "줄줄이 좌로 가!"라고 했을 때 회전축의 안쪽에 있는 사람은 잔걸음으로 매우 천천히 이동하고, 제일 바깥쪽에 있는 사람은 큰 걸음으로 매우 빨리 이동한다. 왜냐하면 바깥쪽에 있는 사람일수록 같은 시간당 훨씬 먼 거리를 이동해야 하기 때문이다. 이렇게 함으로써 최초 위치보다 왼쪽으로 90도가 회전된 위치에 모두가 정렬되면 '줄줄이 좌로 가'의 이동이 완료되는 것이다.

해파의 굴절 현상도 이와 마찬가지이다. 수심이 깊은 곳에서의 해파 속도는 빠르고, 수심이 얕은 곳에서는 상대적으로 속도가 느려져 굴절이 일어나는 것이다. 따라서 다음 그림에서 해안선이 돌출한 곳은 상대적으로 수심이 얕아지는 영역이므로 이곳으로 해파가 굴절하고 해파의 집중이 일어나게 된다.

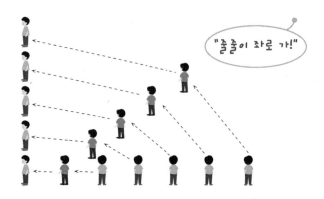

| 해파의 굴절

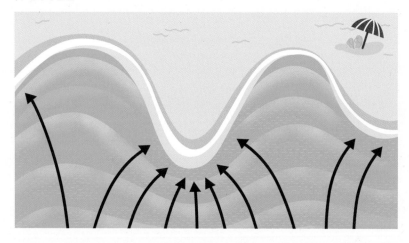

　　반면, 해안선이 육지 쪽으로 움푹 파인 해수욕장과 같은 모양일 때에
는 해안선이 돌출된 영역보다 수심이 더 깊기 때문에 해파의 속도가 빨
라 좌·우의 돌출된 영역으로 해파가 굴절된다. 이에 따라 해파의 분산
이 일어나므로 도달하는 파도도 약해진다. 따라서 해안선이 움푹 파인

곳에 모래가 쌓이고 해수욕장이 발달하는 이유가 여기에 있다. 만약 해안선이 돌출된 곳에서 수영을 한다면 해파가 집중되므로 매우 위험할 수 있으니 조심해야 한다. 이러한 원리로 인해 해파는 해안선을 기준으로 거의 평행하게 밀려오게 되는 것이다.

　전쟁에서 상륙작전을 할 때에도 이러한 과학적 원리가 적용된다. 상륙해안을 선정할 때에는 비교적 파도가 잔잔한 곳이어야 하며 상륙돌격 장갑차가 해안을 통해 육지로 이동할 수 있는 곳이어야 한다. 따라서 상륙해안은 파도가 집중되는 곳이 아닌, 해수욕장과 같이 해파가 분산되는 곳이 더욱 적합하다. 다음 그림에서 나타낸 바와 같이 제2차 세계대전 당시 노르망디 상륙작전이 펼쳐진 해안의 형태를 유심히 살펴보면 그 이

| 노르망디 상륙작전이 펼쳐진 해안

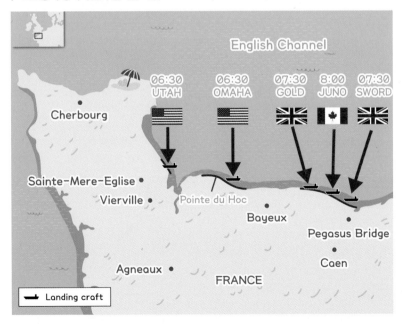

유를 보다 쉽게 이해할 수 있을 것이다.

그렇다면 해파가 부서지는 원리는 무엇일까? 앞서 해파가 부서지는 이유는 안정도를 잃기 때문이라 언급하였다. 해파의 파봉에서부터 인접한 다음 파봉까지의 길이를 파장이라 하고 높이를 파고라 한다. 다음 그림에서와 같이 파고 대 파장의 비가 1:7을 넘어서게 되면 안정도를 잃고 부서지게 된다. 좀 더 개념적으로 말하자면, 멀리서 밀려오는 파도는 수심이 얕아지는 해안으로 다가올수록 파장은 줄고 파고가 증가하게 되는데, 천해파의 속도공식($\sqrt{gh}$)으로부터 수심($h$)이 상대적으로 큰 파봉(해파의 높이가 가장 높은 부분)에서의 속도는 파곡(해파의 높이가 가장 낮은 부분)에서의 속도보다 빨라 추월함으로써 안정도를 잃고 부서지게 되는 것이다.

| 해파가 부서지는 기준

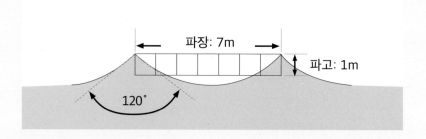

# 03

바다 여행지 1순위

# 해운대 해수욕장

내가 식당을 선택할 때 고려하는 나름의 몇 가지 기준이 있다.

# 해운대 해수욕장

해운대는 통일신라시대의 문인 최치원이 소나무와 백사장이 어우러진 이곳의 경치에 감탄하여 자신의 호인 해운(海雲)을 따서 붙인 이름이라고 한다. 지금도 많은 사람들의 사랑을 받고 있는 이곳이 아주 오래전에도 좋은 경치로 유명하였다고 하니 예나 지금이나 아름다운 자연을 바라보는 눈은 다르지 않은 것 같다.

・・・・・

여름철 해수욕 시즌이 되면 어김없이 TV에서 현장 상황이 중계될 만큼 누구에게나 익숙한 해운대 바닷가.

그런데… 나는 왜 여태껏 단 한 번도 그곳에 제대로 가본 적이 없었을까?

돌이켜보면 내가 참으로 여유 없이 바쁘게만 살아오고 재미없이 살아온 탓인 것 같다. 그래서 은연중에 해운대에 꼭 가보고 싶다는 생각을 늘 가슴속에 품고 있었던 것 같다. 이런 내 마음에 하늘이 감복하였을까?

드디어 어느 해 5월 초, 나에게도 해운대 바다를 영접할 기회가 찾아왔다. 학회가 부산 BEXCO에서 열릴 예정이었으므로 이와 연계하여 나는 아침 일찍 서둘러 부산으로 이동할 계획을 세웠다. 부산은 도로가 복잡하고 언덕길도 많아 운전하기에는 썩 좋지 않다. 그래서 이번에는 대중교통을 이용하기로 하였다. 먼저, 진해 시외버스 터미널에서 사상으로 가는 버스를 타고 이동하였는데, 마치 완행버스처럼 많은 곳을 정차하곤 하였다. 하지만 이도 여행의 일부라고 생각하니 나쁘지는 않았다. 사상 터미널에서 내린 뒤에는 지하철을 타고 해운대역으로 이동했다. 사상에서 2호선을 타면 중간에 갈아탈 필요 없이 해운대까지 이동할 수 있으므로 편리하다. 해운대역에 도착하자 3번 출구로 나와 두근대는 마음으로 주변에 늘어선 건물들과 음식점, 사주팔자를 봐주는 집, 거리를 자유롭게 거니는 사람들을 보며 한가로이 발걸음을 옮겼다. 이렇게 걷다 보니 어느새 해운대 바닷가에 다다랐다. TV로, 그리고 사진으로만 보아왔던 해운대 바닷가를 처음 내 두 눈으로 직접 보는 순간, 나는 약간 압도당하는 느낌을 받았다. 해운대 해수욕장이 이처럼 규모가 클 줄은 미처 몰랐던 것이다. 드넓게 펼쳐진 백사장과 파도가 잔잔히 부서지는 바다, 파도 소리, 그리고 주변의 높은 빌딩과 어우러져 정말 이국적인 느낌이 물씬 풍기는 게 아닌가. 내가 지금 우리나라 부산에 와 있는 게 맞나? 잠깐 착각이 들 정도였다.

넓은 백사장에는 벌써 많은 사람들이 모여 공놀이를 하거나 선탠을 즐기고 있었고, 간혹 바다로 뛰어드는 사람들도 눈에 띄었다. 주변의 건물과 넓은 백사장의 사잇길로 산책을 하다 보니 어느덧 약간 언덕진 길에 다다랐다. 달맞이 고개라고 적혀 있는 표지판이 눈에 띄었는데, 그곳에서 바다를 배경으로 사진을 찍는 외국 관광객들의 얼굴에는 한없이 밝은 미소가 가득했다.

· · · · ·

점심 식사 시간이 좀 지난 터라 나는 주변 식당들을 유심히 살폈다. 내가 식당을 선택할 때 고려하는 나름의 몇 가지 기준이 있다.

먼저, 역사와 전통이 있는 집이다. 오랫동안 식당을 유지해오고 있다면 나름 사람들의 입맛을 꾸준히 사로잡아 온 집이라 생각할 수 있기 때문이다. 둘째, 전통 방식을 고집하는 집이다. 이는 맛을 일정하게 낸다는 것이고, 또한 인공 조미료를 쓰지 않는다는 것이므로 깊은 맛을 느낄 수 있을 것이다. 셋째, 메뉴가 다양한 것보다 몇 가지 소수의 메뉴에 집중하는 곳이다. 많은 메뉴를 만들다 보면 당연히 노력이 분산될 것이므로 소소한 메뉴에 공을 들이고 집중하는 편이 낫다고 생각한다. 넷째, 밑반찬이 단출하여도 깊은 맛을 내는 곳이다. 사이드 메뉴보다 메인 메뉴에 집중하는 곳이 훨씬 낫기 때문이다. 다섯째, 이목을 끄는 식당의 특성이나 분위기, 또는 스토리가 있는 곳이면 더 좋다. 이런 곳은 나도 모르게 마음이 이끌려 발길을 들여놓을 수 있기 때문이다.

그리고 이러한 기준은 아마도 다른 여행자들이 맛집을 고를 때 참고할 만한 꿀팁이 될 수 있지 않을까 생각된다.

| 식당 간판과 푸짐한 돼지국밥

달맞이 고개에도 이러한 조건을 충족하기에 적합한 식당이 눈에 띄었다. 식당 입구에 걸린 작은 액자가 내 눈에 확 띄어 이끌려 들어왔는데, 거기에는 오래된 사진과 함께 다음과 같은 문구가 적혀 있었다.

"전통에 노력을 더해 새로운 역사를 이어 갑니다. 조부의 손길을 이어받아, 예부터 내려온 진짜 전통방식으로 만든 부산을 담은 돼지국밥입니다."

부산에 오면 제일 먼저 생각나는 음식이 뭘까? 문득 예전에 부산이 고향인 누군가가 부산에 가면 돼지국밥을 꼭 먹어야 한다고 했던 기억이 떠올랐다. 더구나 이 식당은 내가 맛집을 고르는 기준에도 잘 맞는 집이 아닌가? 이러한 문구 하나가 참 의미 있게 다가오고, 왠지 모를 안정감과 신뢰감, 그리고 고향의 느낌을 주는 것 같다.

좋은 맛집을 찾았다는 들뜬 마음으로 돼지국밥과 공깃밥 한 그릇을 시켰다. 한 술을 떠 보니 생각보다 푸짐한 양과 국물이 진하게 우러난 것이 마음에 쏙 들었다. 나는 여기에 부추를 넣어 보았다. 밑반찬으로 나온 깍두기는 약간 시큼하고, 배추김치는 담근 지 얼마 안 된 듯한 신선함과 함께 약간의 깊은 맛이 어우러져 국밥과 궁합이 잘 맞았다. 그런데, 국밥을 한 술 더 떠 보니 이미 그 속에 밥이 말아져 있는 것이 아닌가? 나는 그것도 모른 채 공깃밥을 따로 시켰는데, 약간 당황스럽긴 했다. 하지만 아침도 안 먹고 허기진 터라 그런지 잘 시켰다는 생각이 들기도 했다. 좋은 경치를 만끽한 뒤 내가 좋아할 만한 기준을 가진 식당에서 맛있는 점심 식사를 즐긴다는 것은 또한 기쁨이 아닐 수 없다. 국밥 한 그릇을 뚝딱 다 비우니 약간 배가 부르긴 했지만, 이 식당의 오랜 전통과 더불어 외국인과 남녀노소 누구나 맛있게 즐기는 분위기가 어우러져서인지 그 맛이 더욱 풍부하게 느껴졌다. 그래서 부산에 가면 돼지 국밥을 꼭 먹어보라는 말이 무엇인지 이해가 되었다.

평소보다 다소 과하게 먹은 탓에 공깃밥을 그냥 반납할 걸 그랬나? 하는 생각이 들면서도 본격적인 나의 해운대 여행이 이제 시작될 예정이어서 오히려 다행이라는 생각도 들었다.

| 수중 방파제 위에
  설치된 등표

| 해운대 해수욕장 ~ 동백섬

• • • •

　이제 소화도 시킬 겸 나는 다시 해운대 해수욕장을 거쳐 동백섬까지 돌아보기로 하였다.

　동백섬으로 가는 길에 멀리 바다를 보면 수중 방파제의 위치를 알려 주는 사람 모양의 표식이 있다. 그냥 휴대폰 카메라로 찍으면 그 모양을 자세히 알 수 없어 해수욕장에 설치된 쌍안경에 휴대폰 카메라를 대고 사진을 찍어보았다. 그런데 의외로 쌍안경 렌즈 사이로 드러난 표식과 멀리 보이는 오륙도의 정취가 오묘하게 렌즈에 잡혀 뿌듯한 기분이 들었다. 해운대 해수욕장의 모래가 계속 유실됨에 따라 이를 보호하기 위해 수중 방파제를 건설하게 되었는데 이를 알려주기 위해 이렇게 흥미로움을 더한 수중 방파제 표식을 설치하게 되었다고 한다.

| 황옥공주 인어상

 

 

해운대 해수욕장 끝단에 도착하여 동백섬에 들어서면 해안가를 따라 데크로드가 나타난다. 이를 따라 조금 걷다 보면 황옥공주 인어상이 해안가에 보인다.

내가 알고 있는 황옥공주는 인도 아유타국에서 바다를 건너와 대가야국 김수로왕의 왕비가 된 허황후라는 인물이다. 문득 이름이 같은 탓에 허황후가 떠올랐다.

인어상에는 다음과 같은 전설이 깃들어 있다고 한다.

인어나라 미란다국에서 무궁나라 은혜왕에게 시집온 황옥공주가 보름달이 뜨는 밤마다 황옥(黃玉)에 비친 고국을 보며 그리움을 달랬다는 내용이다. 1741년에 설치했던 인어상이 1987년 태풍 셀마로 인해 유실되어 1989년 높이 2.5m, 무게 4톤에 해당하는 청동 인어상을 다시 설치하였는데, 이것이 바로 황옥공주 인어상이라 한다. 마치 해운대 바닷가

를 지키는 수호신처럼 느껴지기도 하지만, 왠지 애처로운 모습이 쓸쓸
하게도 보였다.

사랑도 모를 어린 나이에 고국을 떠나 머나먼 이국땅에 시집온 공주의
마음은 참 외로웠을 것 같다. 익숙하지 않은 문화와 음식, 언제 다시 만
날 수 있을지 모를 소중한 인연들을 그리워하는 마음은 어린 소녀가 감
당하기엔 참 힘들었을 것이다. 그래서 매일 밤 자신도 모르게 먼바다를
자꾸만 바라보며 그리운 마음을 달래지 않았을까? 고개 숙인 황옥공주
인어상을 바라보니 그런 마음이 나에게도 잠시 전해오는 듯하였다.

황옥공주 인어상을 보고 다시 데크로드를 걷다가 해운대 해수욕장 방
면을 바라보았다. 동백섬에서 해운대를 바라보는 경치는 훨씬 더 좋은
것 같다. 황옥공주 인어상과 동백섬의 소나무, 그리고 수중 방파제 표식
이 함께 드러나도록 해운대 전경을 사진에 담아보면 정말로 아름다운
정취가 절로 느껴진다.

누리마루 APEC 하우스 내부와 창밖의 풍경

　　동백섬에는 2005년 11월 제3차 APEC(아시아태평양경제협력체) 정상
회담이 열린 '누리마루 APEC 하우스'가 있다. 앞에는 푸른 바다, 뒤에는
푸른 나무로 둘러싸여 매우 이색적인 아름다움을 주는 곳이다.

　　정상회담이 열렸던 회의장에 들어가면 한국의 문화가 느껴지는 창호
와 기둥이 잘 어우러져 있고 전면은 통창으로 되어 있어 창 너머로 보이
는 바다와 넘실넘실 밀려오는 파도, 그리고 작은 등대와 바위 등을 한참
넋 놓고 감상할 수 있어 좋다. APEC 정상회담이 동백섬에서 개최된 이
유는 한국의 아름다운 정취를 그 어느 곳보다 잘 보여줄 수 있어서가 아
닐까?

．．．．

　동백섬을 한 바퀴 휘돌아 나와 다시 해운대 해수욕장에 다다랐다. 시원한 바닷바람과 함께 잔잔히 밀려오는 파도 소리를 들으며 금빛 모래를 밟고 걷노라면 모든 시름이 잊히는 듯하다. 해운대 해수욕장 끝에서 동백섬까지 걷고 나면 꽤 운동이 되는 것 같다. 그도 그럴 것이 다소 과했던 점심 식사로 불편했던 배가 이제는 매우 편안해진 기분이다.

　이런 한가로움을 즐기다가 문득 한 사건이 떠올랐다. 2017년 어느 여름날 해운대 해수욕장에서 해수욕을 즐기던 사람들 수십여 명이 갑작스러운 바닷물의 흐름으로 외해로 쓸려나갔다가 큰일 날 뻔했던 일 말이다. 해수욕장에서는 이처럼 갑작스러운 흐름이 발생될 수 있는데, 이것이 해안으로부터 외해 방향으로 멀어지는 흐름인 '이안류'라는 것이다. 만약 이런 현상이 나에게 닥친다면 나는 가장 먼저 어떻게 해야 할 것인가를 잠시 생각해보았다.

　이안류의 발생 원인과 식별 방법, 그리고 여기서 벗어나는 방법에 대해 알아보는 것은 여름철 해수욕을 즐기기 전에 반드시 살펴보아야 할 필수 상식이다.

# 이안류(Rip Current)는 왜 발생하나요?

이안류(Rip Current)는 파도가 밀려올 때 해안으로부터 멀어지는 외해 방향으로 강한 흐름이 발생하는 것을 말한다. 2017년 여름에 부산 해운대 해수욕장에 이안류가 발생하여 70여 명이 외해로 휩쓸려 나갔다가 구조된 아찔한 사고가 있었다.

이안류가 발생하는 원인은 주로 해저 지형이 움푹 파여 주변보다 수심이 깊은 곳이 있을 때 해안가로 밀려온 바닷물이 이곳으로 몰려들어 외해로 빠져나가면서 발생한다. 다음 그림에서처럼 모래톱(sandbar)이 중

| 해운대 해수욕장의 이안류에 휩쓸려 나간 사람들의 모습

출처: 기상청

간에 끊어져 상대적으로 깊은 부분이 발생하게 되면 이곳으로 바닷물이 집중되어 빠져나가게 되는 것인데, 마치 제방의 일부가 붕괴되었을 때 거기에 물이 집중되는 현상을 상상해보면 좀 더 쉽게 이해할 수 있을 것이다.

만약, 이안류에 휩쓸리게 된다면 물살이 매우 빠르기 때문에 아무리 수영을 잘하는 사람이라 할지라도 이 흐름을 반대로 거슬러 해안 방향으로 벗어나기는 어렵다. 따라서 이런 경우에는 너무 당황하지 말고 이안류에 몸을 맡기고 흐름이 약해질 때까지 기다렸다가 구조대에 구조요청을 하는 것이 가장 좋은 방법이다. 만약 수영 능력이 충분히 뛰어나다면 수영을 해서 벗어나는 방법이 있긴 하다. 그것은 바로 해안과 평행한 방향으로, 즉 이안류의 흐름 방향과 직각인 방향으로 수영을 해서 벗어나는 것이다.

| 이안류 발생의 원리

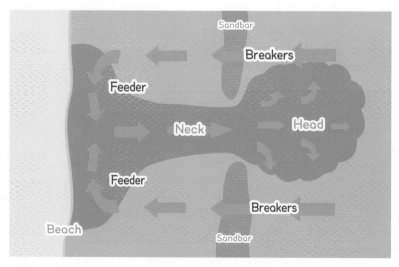

그렇다면 이안류를 현장에서 눈으로 확인할 수는 없을까? 물론 가능하다. 이안류가 발생하는 곳은 상대적으로 수심이 더 깊어 어두운색으로 보일 가능성이 높다. 또, 이안류가 발생하는 곳은 주변보다 파도가 낮거나 파도가 보이지 않을 수 있다. 다음 페이지의 사진은 미국 해양대기청(NOAA) 홈페이지에 게시된 사진인데, 인체에 무해한 초록색 염료를 투하하여 이안류를 표시한 것이라고 한다. 주변의 파도가 부서져 발생되는 하얀색 물결 사이에 이런 물보라가 보이지 않는 부분(초록색)이 있는데, 이곳이 바로 이안류가 발생되는 곳이다.

미국 해양대기청에 따르면 미국에서 연간 3만 명 정도가 이안류에 휩쓸렸다가 구조되고, 100여 명 정도는 사망한다고 한다.

이안류의 속도는 올림픽에 나가는 국가대표 수영선수도 쉽게 거슬러 벗어날 수 없을 정도로 매우 빠르기 때문에 여름철 해수욕장에서는 항상 조심하는 것이 좋다.

| 이안류(초록색 염색 부분)

출처: NOAA(oceanservice.noaa.gov)

# 04

바닷길이 열리는

## 진해 동섬

우리가 아름다운 바다를 보고 경이로움을 느끼는 것도 어쩌면
대자연 앞에 한없이 작아지는 인간의 존재를 인식하기 때문일 것이다.

고속도로를 달리다 내비게이션에서 나오는 안내음에만 집중하려니 약간 따분함이 밀려와 라디오를 켰다. 그 순간 흘러 나오는 음악 소리. 왠지 익숙한 멜로디에 나도 모르게 흥얼거리기 시작했다. 억지로 떠올리려 하지 않았음에도 자연스레 가사를 따라 부르고 있었다.

생각이 났다. 내가 철없던 어린 시절에 좋아했던 노래, 조정현의 "슬픈 바다"였다.

잠깐의 시간이었지만 노래가 흘러나오고 흥얼거리는 동안 어렴풋이 잊고 있던 추억의 파편들이 떠올라 나도 모르게 기분이 좋아지고 위로받는 느낌을 받았다. 그런데 이런 나의 감정과는 달리 노래의 제목은 왜 슬픈 바다일까?

그러고 보니 여태껏 그 노래를 흥얼거리며 불러 보기만 했지. 그 가사의 의미를 제대로 생각해본 적은 없었던 것 같다. 그래서 집으로 돌아와 노래 가사를 다시 되뇌어보았다.

얼마의 시간이 지났을까? 노래 가사를 음미하다 보니 나는 왠지 두 사람을 바다가 억지로 갈라놓은 것 같다는 생각이 들었다. 사랑하는 두 연인이 서로를 만나러 바닷가로 달려가지만 이상하게도 시간이 조금씩 어긋나 만나지 못하고 오해만 쌓여 결국 헤어지게 되는 안타까운 상황. 이는 바닷길이 불규칙적으로 열리고 닫히는 현상과 절묘하게 오버랩됨을 느꼈다. 내가 해양학을 전공한 탓에 이런 장면이 떠오른 것일까?

바다 저편으로 떠나보낸 연인을 생각하며 흐느끼는 슬픔. 어린 시절에는 왜 이 노래를 불러도 그런 슬픔을 전혀 생각해보지 못했을까? 그런데 왜 지금은 또 그런 애잔함이 느껴지는 것일까? 역시 세상의 경험에 따라 느껴지는 감정도 달라지는 것 같다.

그래서인지 문득 예전에 가보았던 신비의 바닷길이 떠올랐다.

· · · ·

경상남도 남해안에는 저조 시에 바닷길이 열리는 장소가 두 곳 있다. 한 곳은 소매물도이고, 다른 한 곳은 내가 가보았던 경남 창원시 진해에 있는 동섬이다. 소매물도는 여객선을 타고 한참을 이동해야 하므로 접근하기가 쉽지 않은 곳이다. 하지만 진해 동섬은 육지와 맞닿아 있어 누구나 마음만 먹으면 언제든 모세의 기적을 현실에서 직접 체험해 볼 수 있다.

해양공원

우도

| 진해 해양공원과 동섬의 위치

　쉽게 찾을 수 있는 곳이지만 그리 잘 알려지지는 않은 동섬. 하루에 두 번이나 바닷길이 열리지만 매일 그 시간이 달라지기 때문에 내가 원하는 시간에 맞추어 가기란 생각보다 쉽지가 않다. 그래서 "슬픈 바다"란 노래 속의 두 남녀 주인공도 결국 쉽게 허락하지 않는 자연의 힘에 의해 서로 멀어져 버린 것은 아닐까?

　우리가 아름다운 바다를 보고 경이로움을 느끼는 것도 어쩌면 대자연 앞에 한없이 작아지는 인간의 존재를 인식하기 때문일 것이다. 따라서 바닷길이 열리는 시간에 내 스케줄을 맞추는 게 마땅하므로 저조 시간을 미리 확인해 보았다. 자연은 기다려주지 않으니까 말이다.

　다행히도 이런 수고로움을 덜어줄 수 있는 유용한 방법이 있는데, 국립해양조사원 사이트에 접속해 해양정보 카테고리를 클릭하면 오늘의 바다갈라짐 예보에서 관련 정보를 쉽게 확인할 수 있다.

실미도 ❶
소야도 ❸    ❷ 선재도
        ❹ 제부도
웅도 ❺

            ❻ 무창포
            ❼ 하섬

        ❽ 화도        ❶❹ 동섬

                ❶❷        ❶❸ 소매물도
        ❾    ❿    우도
진도    대섬

            ❶❶ 서건도

울릉도
독도

| 국립해양조사원 바다갈라짐 예보 지역

신비의 바닷길 동섬

| 신비의 바닷길 동섬 입구

저조 시간을 확인한 뒤, 나는 물이 서서히 빠져나가는 것부터 바닷길이 완전히 열리는 것까지 충분히 감상해보기로 하였다. 그래서 주변 산책도 할 겸 예보 시간보다 훨씬 이른 시간에 인근에 있는 해양공원에 도착하였다.

개인적으로 바다를 보며 산책을 즐기기 좋은 곳은 해양공원과 인근의 섬인 '우도'와 연결된 다리를 지나 섬을 한 바퀴 돌아 나오는 경로이다.

해양공원 입구에서부터 걸어서 산책로를 따라 우도에 들어가 자그마한 마을을 전방에 두고 좌측으로 돌아 방파제 끝단까지 거닐어 보았다. 바다 내음을 실컷 들이키며 방파제를 돌아 나와 마을 한 바퀴를 거닐면 이곳이 전혀 섬처럼 느껴지지가 않는다. 산책을 겸할 수 있는 다리가 연결된 덕분에 한적했던 어촌 마을이 이제는 많은 사람들이 북적이는 곳으로 탈바꿈한 것이다.

옹기종기 모여있는 마을의 정취를 뒤로 하고 다시 해양공원 둘레를

| 진해 동섬 신비의 바닷길

빙 돌아 바닷길이 갈라지는 동섬으로 발걸음을 옮겼다. 이렇게 산책을 하면 대략 1시간은 족히 걸리는데, 언제 시간이 그렇게 흘렀는지 모를 정도로 전혀 지겨움이 느껴지지 않는다.

아직은 물이 빠지지 않은 상황이라 해양공원부터 동섬 인근까지 해안에 설치된 데크로드를 따라 천천히 거닐며 사진도 찍고, 풍경을 즐기며 시간을 보냈다. 한참이 지났을까. 바닷물이 점점 빠지기 시작하면서 그토록 고대하던 바닷길이 열리기 시작했다. 육지 쪽 입구의 바닷길이 먼저 열린 뒤 동섬까지 바닷길이 완전히 열리기까지는 30분 이상이 더 소요되는 것 같았다.

마침내 바닷길이 열리고 맨바닥이 드러난 길을 따라 작은 섬인 동섬으로 걸어 들어갈 수 있었다. 바닥이 질퍽할 줄 알았는데, 신발이 빠지지도 않을 만큼 딱딱한 질감이 느껴졌다. 이는 마치 노래 가사 속의 연인을 갈라놓은 자연의 비정함과 헤어짐의 아픔으로 굳어버린 연인의 마음을 대변하는 듯했다.

주변을 돌아보면 열린 바닷길을 따라 연신 바닥을 살피는 사람들도 있었다. 특히 어린아이들은 더욱 신이 나 보였다. 바지락과 게 등 여러 바다생물들이 반겨주기 때문일 것이다. 비록 100m 남짓한 짧은 거리지만 신비의 바닷길을 체험하기에는 부족함이 없다.

작은 섬이라 동섬을 한 바퀴 도는 데는 시간이 얼마 걸리지 않는다. 짧은 시간이었지만 이제는 조정현의 "슬픈 바다"를 들을 때마다 가사 속 연인과 진해 동섬이 떠오르지 않을까?

· · · ·

동섬을 다 둘러보고 나와 보니 바로 앞에 칼국수 집이 보였다. 약간 출출하기도 하였고, 동섬 입구에는 바지락 등 양식물 채취를 금한다는 안내 문구가 부착되어 있기도 하였기에 동섬의 신선한 해산물을 맛볼 수 있겠다는 기대감이 잔뜩 들었다. 식당으로 들어가 보니 심지어 이 집의 주메뉴는 바지락 칼국수와 해물파전이 아닌가! 동섬에서 양식한 신선한 해물들을 바로 사용해 요리를 하지 않을까? 설레는 마음으로 사장님께 물어보았다.

그런데 아쉽게도 마산 어시장에서 매일 구매해 오신단다. 혹시 아나? 여기서 양식된 바지락이 마산 어시장으로 가는지도? 아무튼 바지락 칼국수를 먹어보면 바지락이 아주 신선하다는 느낌이 든다. 그러나 칼국

수 면이 그다지 탱글탱글한 느낌이 없다는 것은 다소 아쉬운 점이다. 해물파전은 그래도 아주 맛이 좋았다. 나의 맛집 선정 기준을 100% 충족하기엔 다소 부족하였지만, 전망 좋은 바다와 상쾌한 공기, 그리고 허기진 뱃속이라 그런지 메뉴가 그리 나쁘지는 않았다고 생각된다.

. . . .

맛있는 점심 식사와 잠깐의 휴식을 뒤로한 채 해안을 따라 좀 더 산책을 해보기로 했다. 동섬이 있는 명동 해안에는 한창 마리나항만 공사가 진행 중인데 요트와 같은 레저선박이 계류할 수 있는 시설을 짓고 있는 모양이다. 지금은 어지럽게 널린 공사 자재들로 보기가 그다지 좋지 않지만 공사가 완료되고 수많은 요트들이 계류하고 있는 모습을 상상해보면 아주 색다를 것 같다.

항만 공사가 한창인 바다를 오른쪽으로 두고 구불구불한 길을 걸어가다 보면 언덕 아래에 작은 어촌 마을이 하나 보인다. 삼포마을이라 불리는 곳이다. 이 마을은 이혜민이 작사, 작곡하고 강은철이 노래한 1980년대 대중가요 "삼포로 가는 길"의 소재가 된 곳이기도 하다. 이를 기념하여 노래비도 세워져 있는데, 버튼을 누르면 음악이 재생된다. 잠시 쉬어가며 노래 가사와 함께 주변의 풍경을 즐겨보는 것도 좋을 것이다.

이렇게 한참을 해안을 따라 길을 걷다 보면 꽤 많은 시간이 걸린다. 그래서 다리도 약간 아프고 목도 탔다. 중간중간에 벤치가 있다면 잠시 휴식도 하며 경치를 즐기기 좋을 텐데 부족한 휴식 공간에 약간의 아쉬

| "삼포로 가는 길" 노래비와 그곳에서 바라본 삼포마을

움이 들었다. 그리고 이건 꿀팁! 산책로 주변에 편의점이나 카페가 없으
므로 동섬 인근 편의 시설에서 음료를 사들고 산책을 한다면 더욱 좋은
여행이 될 것 같다.

• • • •

그런데, 이곳 동섬과 같이 신비의 바닷길에서 일어나는 모세의 기적
은 어떠한 원리로 발생하는 것일까?

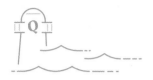

# 바닷길이 열리는 원리는 무엇인가요?

　바닷길이 열리는 원리는 지구와 태양과 달 사이의 만유인력으로 생기는 조석현상 때문이다. 달의 질량은 태양에 비해 매우 작지만 달과 지구 사이의 거리가 상대적으로 훨씬 가까워 달에 의한 영향이 더 크다. 지구는 하루에 한 바퀴 자전하는데, 지구가 달을 향하는 쪽과 그 반대쪽은 인력과 원심력이 최대가 되어 고조가 된다. 따라서 달로 향하는 쪽에서 한 번, 그리고 달과 반대편 쪽에서 한 번, 이렇게 하루에 두 번 고조가 나타난다. 마찬가지로 달과 수직이 되는 위치에서는 인력이 작아져 저조가 나타나는데 이 또한 하루에 두 번이 된다. 저조가 나타날 때 주변

| 고조, 저조의 원리

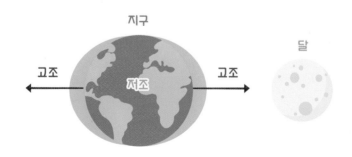

보다 수심이 얕은 지형이 해수면 위로 드러나게 되면 바닷길이 열리게 되는 것이다.

또, 달은 지구를 중심으로 공전하는데 하루에 약 13°씩 서쪽에서 동쪽으로 회전한다. 따라서 지구가 한 바퀴 자전하고 제자리로 돌아오면 달은 그 위치로부터 약 13° 더 이동해 있으므로 약 50분(13°÷360°×24시간×60분=52분, 즉 13°를 회전하는 데 걸리는 시간)을 더 돌아야 달과 지구와의 최초 위치에 다시 도달하게 된다. 따라서 매일 고조 시간이 약 50분씩 늦어지는 것은 이러한 원리 때문이다.

| 고조가 매일 약 50분씩 늦어지는 이유

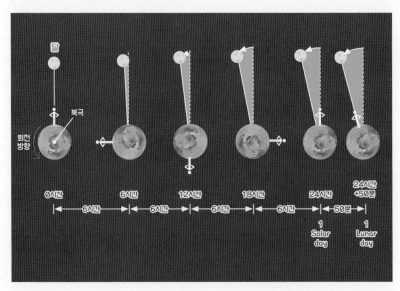

05

명량해전 전적지

## 울돌목

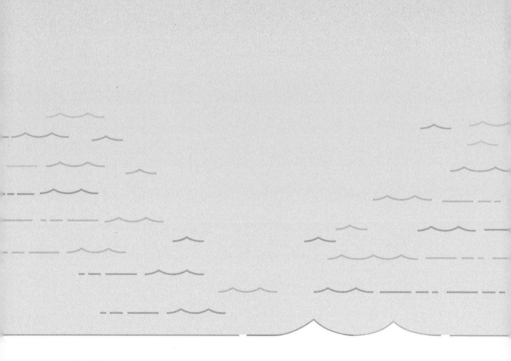

진심이란 특정 분야의 전문성과는 상관없이
누구에게나 통할 수 있는 가장 강력한 무기이며,
시공간을 넘나들어 전해지는 하나의 용기가 된다.

명량해전 전적지

# 울돌목

"지금 신에게는 아직 전선 12척이 남아 있나이다.

신이 죽지 않는 한, 적은 감히 우리를 업신여기지 못할 것입니다."

너무도 잘 알려진 이 문구가 비장함이 아닌 아련함으로 느껴지는 건 왜일까? 그건 아마도 나름의 굴곡진 인생 경험을 한 뒤 어느 날 다시 난중일기를 손에 들었을 때부터였던 것 같다.

일기에는 죽고 싶다는 그의 속마음이 수없이 얼룩져 있었다.

해전에서 왼쪽 어깨에 관통상을 입은 것에 더해 옥중에서의 갖은 고초가 더해진 성치 않은 그의 몸. 불행은 홀로 찾아오지 않는다는 것을 증명하듯 백의종군 길에 듣게 된 비보(어머니의 죽음)와 상도 제대로 못 치른 채 전장에 나가기를 재촉하는 조정. 당시 53세라는 그의 나이로는 도저히 감당할 수 없을 만큼 몸과 마음은 갈기갈기 찢어지고 말았다. 주변의 상황 그 어느 것 하나 도와주지 않는 이 원망스러운 하늘 아래 조정은 설상가상으로 '왜적이 이미 호남에 가득 찼고, 칠천량 해전에서 대패하여 취약해진 수군 전력으로는 적을 막아내지 못할 것을 우려하여 수군을 파하고 육군으로 군사를 옮겨 싸우라'는 명령까지 내린다.

'대체 왜 그랬던 걸까?'

일기를 읽다 든 나의 한 가지 의문점.

이런 끔찍한 상황 속에서 이순신은 왜 그런 장계(전선 12척이 남아 있나이다)를 올렸을까? 세상은 그를 등졌지만, 불가능에 가까운 희망에 운명을 걸고 명량해전을 이끈 그의 마음과 생각은 남루한 그의 일기와는 정반대였다.

오래전 난중일기의 책장을 덮을 때 함께 잊혀버렸던 나의 이 질문이 문득 내 머릿속을 강타한 것은 홀로 여유롭게 울돌목을 여행하던 어느 날이었다.

사실 오래전에 초등학교 저학년인 두 아들과 함께 이곳 울돌목으로 가족 여행을 와본 적이 있었다. 그때는 열심히 주변 풍경을 바라보고 김밥을 먹으며 아이들을 따라 산책하기에 바빴던 터라 이순신의 고뇌에 대한 생각에 잠길만한 여유가 없었다. 어떻게 하면 아이들에게 좀 더 추억에 남을만한 사진을 찍어줄지에 대한 고민은 했지만 말이다. 그 뒤로 약 10여 년이 흐른 지금 7월의 어느 날, 우연히 도서관에서 책을 고르다 다시금 난중일기와 마주친 나는 새록새록 떠오르는 과거의 질문에 대한 답을 찾고 싶다는 생각에 명량해전 전적지를 다시 찾았다.

. . . .

'명량(鳴梁)'은 순우리말로 '울돌목'이라고 하는데 '물이 울며 휘돌아 나가는 길목'이란 뜻이다. 이곳은 서해와 남해가 만나는 가장 짧으면서도 좁은 수로인데, 해남군과 진도군 사이에 위치하고 있다. 진도대교의 해남군 쪽 입구 부근에는 우수영 국민관광지가 있고 진도 쪽에는 이충무공 승전공원이 있다.

나는 먼저 진도대교를 건너 승전공원으로 향했다. 울돌목의 거센 물살을 바로 앞에서 내 눈으로 직접 보고 싶어서다. 인근 공터에 주차를 하고 약간 두근대는 마음으로 빠르게 발걸음을 옮겨 진도대교 아래 좁은 물길이 흐르는 곳에 도착하였다. 오늘은 음력으로 5월 19일, 조차가 큰 시기이며 12시 50분경이 최고조가 되는 시간이라 12시가 막 지난 지금, 마음이 좀 다급해졌다. 가능하면 가장 강한 조류를 보고 싶은 마음이 컸기 때문이다.

대교 아래의 좁은 물길로 다가가자 빠르게 소용돌이치며 거세게 흐르는 물살이 한눈에 들어왔다. 금방이라도 모든 것을 집어삼킬 듯한 위용을 마주하고 있노라면 정말 놀랍고 두렵기까지 했다. 물이 흐르는 속도가 엄청날 뿐만 아니라 소용돌이치며 내는 소리는 정말 무서울 정도이다. 거센 물살과 그 흐름이 울어내는 장대한 소리를 직접 경험해본다면 이 장면을 감히 몇 글자의 말로 표현해내기가 쉽지 않음을 이해할 수 있을 것이다. 왜 이곳에 울돌목이라는 이름이 붙여졌는지 이해가 된다.

| 급물살이 소용돌이치며 흐르는 울돌목

    울돌목은 가장 좁은 곳의 폭이 150m, 가장 깊은 수심은 20m, 최저 수심은 1.9m이며, 유속은 무려 11.5kts(시속 약 20km)에 달해 굴곡이 심한 해저 지형의 영향으로 소용돌이치는 급류가 흐른다. 동해 바다에 흐르는 해류인 동한난류의 속도가 1~2kts 정도임을 감안하면 약 12kts에 달하는 울돌목의 유속은 실로 엄청나다. 함정의 디젤 엔진으로 만들어내는 최대 속력이 15~20kts 정도임을 감안할 때, 자연이 스스로 만들어내는 이 엄청난 속도는 가히 경이로울 따름이다. 명량해전에서 노를 저어 항해했던 일본 전선들이 울돌목의 급류에 휘말려 이리 부딪히고 저리 부딪혀 수장될 수밖에 없었던 상황이 충분히 이해되고도 남는다.

. . . .

    이순신은 명량해전을 앞두고 부하들에게 다음과 같은 명언을 남겼다.

| 물길이 좁은 울돌목

"반드시 죽고자 하면 살리요, 살고자 하면 죽을 것이다."

울돌목에서 울려 퍼진 이 이순신의 외침이 지금까지도 많은 이들에게 감동을 주고 귀감이 되는 이유는 무엇일까. 그는 대체 왜 그랬던 것일까? 소용돌이치는 물살을 바라보며 그의 마음에 대해 곰곰이 생각해보았다. 아마 그도 두려웠을 것이다. 그도 한 사람의 인간이었으니까. 자신도, 휘하 장병들의 두려움도 모조리 떨쳐내고 사기를 높여야만 했던 절박한 순간에 비장한 각오로 외친 그의 진심이 시대를 건너 지금까지도 전해져 오는 것 같다.

나는 함정에서만 약 10여 년을 근무하였다. 강한 바람과 집채만 한 파도를 만나 함교의 방탄유리가 깨지는 경험도, 아슬아슬하게 작은 어선과 충돌할 뻔한 위기를 간신히 벗어난 경험도 모두 여러 번 있었다. 지금도 그때 생각을 하면 온 머리가 쭈뼛쭈뼛 솟는 기분이 든다. 함장이라는 지휘관을 하다 보면 나도 두렵지만 그렇지 않은 것 같은 모습을 의도적으로 보여주어야 할 때가 있다.

어느 날 해상의 날씨가 극도로 나빠지기 시작할 때였다. 점점 높아지는 파도를 헤치고 나아가는데 방향타를 틀었음에도 원하는 방향으로 함정이 나아가지 못하고 추풍낙엽과 같이 밀려오는 파도에 휩쓸려 함의 현측이 해수면에 닿을 듯이 기울어졌다가 다시 반대 방향으로 기울어지기를 반복하였다. 함 내의 물건들이 와장창 쏟아지는 소리가 들려오고, 함교에서 당직을 서고 있는 장병들은 자신도 모르게 "어어어~ 어어어~" 하는 외마디 비명을 지르기도 했다. 휘몰아치는 강한 바람 소리와 함수에 부딪쳐 부서진 파도가 함교의 현창을 때리는 소리, 몸을 가누기 힘들 정도로 좌우상하로 요동치는 함교에서 장병들은 두려움을 느끼기 시작했다. 이 순간 지휘관인 나도 당연히 두려움을 느낀다. 그럼에도 나는 나의 두려움을 부하들에게 들키지 않으려고, 애써 웃으며 이야기하곤 했다.

> "허허허 걱정 마. 내가 군생활을 하며 수없이 많은 파도를 경험해 보았는데, 지금 겪고 있는 파도는 그에 비하면 아무것도 아니야. 해군 군함이 파도에 휩쓸려 침몰했다는 이야기를 들어본 적 있나? 그런 일은 없으니 걱정 말고 자신의 임무에만 집중하면 돼."

그런데 놀랍게도 이런 말을 들은 장병들은 금세 안정을 되찾는다. 그런 모습을 보면서 나 또한 마음이 한층 여유로워짐을 느끼게 된다. 그렇다. 군인에게는 두려움이 가장 큰 적인 것이다.

돌이켜보면 내가 군함을 조함하며 가장 무서웠을 때는 사실 파도가 높을 때가 아니었다. 오히려 바다는 잔잔하지만 안개가 자욱하게 끼어 앞이 전혀 보이지 않을 때였다. 안개가 짙게 끼거나 억수 같은 비가 쏟아져 앞이 잘 보이지 않을 때에는 레이더에 의존해서 항해해야만 한다. 그런데 이런 상황에서는 레이더 전자파가 산란되어 표적이 잘 잡히지 않는다. 특히 작은 어선과 같은 소형 선박일수록 탐지가 더욱 어렵다.

오랜 함정 경험을 해본 사람은 누구나 이런 경험을 한 번쯤 하게 된다. 레이더에 아무런 물표가 잡히지 않았는데, 어느 순간 갑자기 눈앞에 선박이 나타나 충돌할 뻔한 경험을 말이다. 마치 어릴 적 불이 꺼진 방안에 홀로 남겨지면 극도의 공포를 느꼈던 것과 같은 두려운 경험을 말이다.

허면 그는 오죽했겠는가. 나라에서도 해전을 포기하고 육군으로 편입하라고 얘기하는, 앞이 깜깜한 상황이 말이다. 많이 두려웠을 것이다. 많이 힘들었을 것이다.

물론 이건 나의 개인적인 생각이기에 과연 그도 이런 생각을 했을지는 잘 모르겠지만 그의 심정을 진솔히 표현한 시가 하나 있다.

"드넓은 바다 가을 바람 불어오는 밤
홀로 앉아 수심에 잠겼는데,
언제쯤 평화로운 날 도래할 것인가
심히 나라가 위기에 처했나니...

임금은 나의 공을 알아주지 않건만,
세상은 나의 이름을 기억해 주리라

변방을 넉넉히 다스린 뒤에는,
도연명의 귀거래사 나도 읊으리!"

난중일기에 죽고 싶다는 심정을 수없이 표현했던 우리의 성웅 이순신. 임금도, 세상도 모두 그에게 등 돌렸지만 나중에 세상은 자신을 알아줄 것이라는 믿음 하나로 그는 버텨왔던 걸까? 우리가 보기엔 두려움도, 걱정도 없을 것 같은 이순신도 우리와 같은 나약한 한 사람의 인간이었다. 그럼에도 그런 작은 믿음 하나로 버텨냈다는 것이 너무도 대단하다. 그런 그가 10배가 넘는 전력 차의 해전 상황이었음에도 희망을 잃지 않고 조선을 구할 수 있었던 것은 나라를 구하고 백성을 구하고자 하는 그의 진심 어린 마음 덕분이었다. 모두가 자신의 진심을 왜곡하더라도 세상은 결국 자신의 마음을 헤아려줄 것이라는 진술한 외침이 하늘에 닿아 지금까지도 세상에 전해지는 것 같다.

비단 이순신뿐만이 아니다.

사실 나는 진심이란 실로 대단한 힘을 가졌다고 믿는다. 세상을 살면서 많은 사람들을 만나다 보면 그 사람의 말이 진심인지 아닌지 느껴질 때가 많다. 진심을 다해 말할 때에는 그 말투가 아무리 서툴고 목소리가 떨리며, 제스처가 어색하여도 진술함이 느껴져 마음이 따뜻해짐을 느낀다. 반면, 가식적으로 말할 때에는 아무리 언변이 화려하여도 크게 와닿지 않고 그 사람을 신뢰하기 어려울 때가 많다.

그렇다! 이것이 사람의 진심이다. 진심이란 특정 분야의 전문성과는 상관없이 누구에게나 통할 수 있는 가장 강력한 무기이며, 시공간을 넘

| 승전공원에 설치된 판옥선 3척과 이순신 동상

나들어 전해지는 하나의 용기가 된다.

그래서인지 내가 함정에서 근무하던 시절, 안개가 자욱한 바다를 안전하게 헤쳐나갈 수 있었던 것도 어쩌면 나와 장병들의 진심을 하늘과 바다가 헤아려준 덕분이 아닐까?

수많은 고초와 배신을 겪고도 오직 나라를 구하는 데 헌신한 이순신, 그분의 숭고한 뜻과 희생에 감사할 따름이다. 그가 있었기에 내가 지금 여기서 편히 여행할 수 있는 것이리라.

· · · ·

특히나 오늘은 좋은 운도 따라주는 것 같다. 조차가 큰 날에, 더구나 고조에 가까워져 물살이 강한 시간에 도착하여 울돌목의 진면목을 제대로 느껴볼 수 있었기 때문이다.

뿌듯한 마음으로 이제 좀 더 여유 있게 주변을 둘러 보아도 되겠다.

승전공원은 명량대첩의 승전을 기념하기 위해 건립된 곳으로 해안가 주변에 설치된 데크로드를 따라 걷다 보면 판옥선 3척과 함께 멀리 위엄 있는 모습의 이순신 동상이 눈에 띈다.

예전에 왔을 때는 이런 데크로드가 없었던 것 같은데, 주변 경관과 잘 어우러진 산책로가 생겨 좋은 것 같다. 또 진도대교의 전경도 카메라에 담기에 적합한 곳이라 따가운 햇살이 피부를 찌르는 듯하지만 잠시 이를 잊고 열심히 카메라를 돌려 보았다.

다시 발걸음을 옮겨 우수영 국민관광지에 잠시 들러보기로 했다. 또 오려면 쉽지 않은 곳이라 먼 곳을 온 만큼 돌아가는 길에 반대편에서 울돌목을 한 번 더 바라보고 싶은 마음에서다. 최고조 시간이 지난 터라 물살이 처음보다 훨씬 약해진 탓인지, 울돌목의 거센 물살을 우수영 관

| 우수영 관광지에서 바라본 진도대교 전경

광지에서 보는 것보다는 승전공원 쪽에서 보는 것이 훨씬 더 실감 나는 것 같다. 우수영 관광지를 돌아 나가는 언덕에서 두 그루의 소나무 사이로 보이는 진도대교를 카메라에 담아보았다. 나중에 사진을 확인해 보니 희한하게도 대교 위를 지나가던 차량도, 관광객도 한 사람 없는 기가 막힌 순간이(마치 세상이 멈춘 순간처럼) 포착되었음을 알게 되었다. 분명 차도 많고 관광객들도 여럿 보였었는데 신기한 일이다.

· · · ·

이곳을 찾아 이순신 제독의 고뇌를 아주 조금이라도 느껴보고자 했던 나의 마음을 알아준 것일까? 덕분에 좋은 사진도 얻고, 의도하지 않았음에도 강한 조류가 흐르는 타이밍과도 기가 막히게 맞아떨어지는 행운이 함께하였다. 이제는 울돌목에서 물살이 왜 그토록 강할 수밖에 없는지 좀 더 알아보도록 하자.

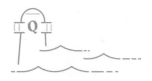

# 울돌목에서
# 물살이 빠른 원리는 무엇인가요?

울돌목은 수로가 매우 좁은 곳이다. 진도대교가 설치되어 있는 곳의
폭은 약 300m 정도로 매우 좁다. 학창 시절 베르누이 정리에서 배운 바
와 같이 단면적이 변하는 관에 유체가 흐르고 있다고 생각해보자. 단면
적이 넓은 영역에서 유체의 속력은 상대적으로 느리지만 좁은 영역을
지날 때는 유체 속력이 빨라진다. 따라서, 밀물과 썰물에 따라 울돌목 남

| 진도군과 해남군 사이의 좁은 수로, 울돌목

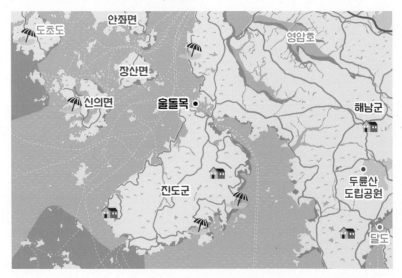

동쪽과 북서쪽의 넓은 바다로부터 많은 양의 바닷물이 좁은 수로로 한꺼번에 밀려 들어오고 빠져나가면서 그 속도가 엄청 빨라지는 것이다.

또 우리가 어릴 때 누구나 한 번쯤 해보았을 법한 놀이를 떠올려 보자. 수도꼭지에 연결된 호스를 잡고 잔디밭에 또는 바닥에 물을 뿌릴 때를 말이다. 물이 나오는 호스의 끝단을 누르지 않고 그대로 두었을 때는 물이 뿜어져 나오는 속도가 느리다. 그러다가 호스의 끝단을 엄지와 검지로 눌러 호스의 직경을 작게 만들면 물이 나오는 속도는 훨씬 빨라지게 되어 이전보다 훨씬 먼 곳까지 물을 뿌릴 수 있게 된다. 속도가 증가하면 단위 시간당 이동하는 거리도 증가하기 때문이다.

우리나라의 동·서·남해는 해양물리학적으로 매우 뚜렷한 차이가 있다. 동해는 조석의 영향이 미미하고 해류의 영향이 지배적이며, 서해는 해류의 영향은 미미한 반면 조석의 영향이 지배적이다. 또한 남해는 해류와 조석의 영향이 공존한다. 한반도는 전략적으로 매우 중요한 지정학적 위치에 있음과 더불어 삼면을 둘러싸고 있는 바다의 물리적 특성이 모두 달라 전 세계 해양학자들에게 매우 흥미로운 곳이다.

진도대교 아래쪽 바다에 홀로 선 이순신의 모습이 보인다. 왠지 쓸쓸하고 고뇌에 찬 모습일 거라는 생각이 들면서도 그토록 어려운 상황에서 나라를 지켜낸 용기와 지략에 존경심이 절로 난다. 한 사람이 길을 잘 지키면 천 명의 사람이 두렵지 않다는 뜻의 이순신 제독의 어록 '일부당경 족구천부(一夫當逕 足懼千夫)'가 떠오른다.

| 물살이 빠른 울돌목의 좁은 수로를 지키는 이순신

# 06

도깨비 촬영지

## 강릉 영진해변

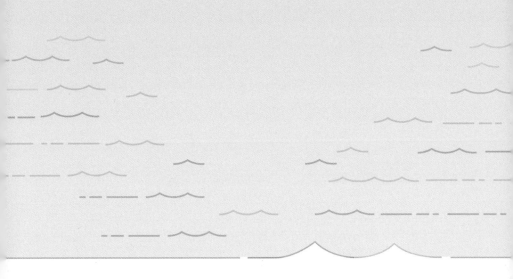

이들에게 필요했던 것은
오늘보다 내일이 조금 더 나아질 것이라는 작은 희망이다.

도깨비 촬영지

# 강릉 영진해변

불멸의 삶을 끝내기 위해 인간 신부가 필요한 도깨비, 그와 기묘한 동거를 시작한 기억상실중 저승사자, 그런 그들 앞에 '도깨비 신부'라 주장하는 '죽었어야 할 운명'의 소녀가 나타나며 벌어지는 신비로운 낭만 설화.

> "누구의 인생이건 신이 머물다 가는 순간이 있다. 당신이 세상에서 멀어지고 있을 때 누군가 세상 쪽으로 등을 떠밀어 주었다면 그건, 신이 당신 곁에 머물다 가는 순간이다."*

2016년 12월 2일부터 2017년 1월 21일까지 방영한 총 16부작의 tvN 특별기획 드라마 "도깨비"는 내가 정말 재미있게, 몰입하며 보았던 보기 드문 드라마였다. 그리고 그 드라마에서 유독 기억에 남는 장면이 있다.

| * 출처: tvN 홈페이지

| 강원도의 여러 해변

여자 주인공 지은탁(김고은)이 삶을 비관하며 방파제에 홀로 앉아 케이크의 촛불을 불어 *끄*자 도깨비(공유)가 소환되어 처음으로 마주하게 된 순간이다. 비현실적이지만 왠지 현실에서도 일어날 것만 같은, 아니 일어나기를 바라는 너무도 아름답고 인상적인 장면이었다. 그래서인지 수년이 지난 지금도 그 장면을 떠올려 보면 기억이 생생하고 그때 뛰었던 가슴이 다시 세차게 뛰는 듯하다.

. . . .

일상에 지치고 기운이 빠질 때는 잠시 하던 일을 멈추고 어디론가 떠나 보는 것만큼 좋은 것이 없다. 6월의 마지막 즈음, 일찍 찾아온 더위 탓인지 몸도 나른하고 뭔가 삶의 활력소가 필요할 것 같다는 생각이 드는 순간, 문득 드라마 도깨비의 명장면이 떠올랐다. 드라마에서 여자 주인공이 우연찮게 도깨비를 만나 삶의 희망을 되찾게 된 그곳에 나도 가보고 싶다는 생각이 든 것이다. 수소문을 해보니 그곳은 다름 아닌, 강릉 주문진에 있는 영진해변이라는 것을 알 수 있었다.

영진해변은 강릉 경포대와 그리 멀지 않은 곳에 위치하고 있다. 차를 타고 북쪽으로 약 20분 정도 가면 도착할 수 있는 거리이다.

다소 이르지만 더운 날씨를 고려하여 아침 일찍 서둘러 영진해변에 도착하였다. 약간 무덥긴 하지만 바다인지 하늘인지 알아보기 힘들 만큼 푸르고 맑은 하늘과 바다, 그리고 넓은 백사장, 동해 바다 특유의 망망대해가 반겨주었다. 바다를 바라보며 잠시 숨을 고른 뒤 지은탁과 도깨비가 처음으로 만났던 방파제를 찾았다.

드라마에서 본 배우들이 없고 카메라 앵글이 다르다는 것을 제외하고는 별다를 게 없는 풍경이 펼쳐졌다. 카메라 감독님은 정말 대단한 것 같다는 생각이 든다. 어떻게 이런 곳이 있다는 것을 알았을까? 카메라에 잡힌 바다는 정말 신비로울 만큼 아름다웠다.

짧은 방파제는 바다 깊숙이 빠져든 느낌이며, 방파제 끝에서부터 펼쳐지는 끝없는 바다, 잔잔히 밀려드는 파도 소리, 파란 하늘에 떠 있는 약간의 하얀 구름, 그리고 하늘에서 내려오는 한 줄기 빛. 정말 여기는 이 세상이 아닌 것 같다는 착각이 들기도 한다. 잠시라도 세상의 모든 시름을 잊기에 충분한 순간이다.

| 도깨비와 지은탁이 만난 방파제

눈을 지그시 감고 드라마 도깨비의 명장면을 잠시 떠올려 보았다. 지
은탁은 당시 삶이 무척이나 힘들고 고단했다. 삶을 포기하고 싶은 순간
에 신기하게도 도깨비가 나타난 것이다. 그 후로 그녀의 인생도 달라지
고 빛나기 시작했다. 그래서일까? 내가 찍은 사진에도 하늘에서 내려오
는 빛이 담겼다.

・ ・ ・ ・

굴곡진 인생사에는 언제나 힘든 순간이 찾아오고 이를 좀처럼 회피할 수
없는 상황이 닥치기도 한다. 그래서 그런 시간에 빠지게 되면 무척이나 힘
겨운 나날들을 보낼 수밖에 없다. 하지만, 그렇게 힘든 시간만 있는 것은
아니다. 힘든 때가 지나면 다시 좋은 날이 오기 마련인데, 그때까지 어떻게
버티느냐가 중요한 것 같다. 조금만 더 버티면 곧 좋은 순간이 다가오는데
그때를 알 수 없으니 이전에 포기하고야 마는 사람들이 생기는 것 같다.

| 드라마 "도깨비"의 장면과 벽화
출처: tvN 홈페이지

만약 그렇게 힘든 순간이 다가올 때 드라마에서처럼 도깨비를 소환할 수는 없을까? 이들에게 정말 필요했던 것은 오늘보다 내일이 조금 더 나아질 것이라는 작은 희망이다. 이런 작은 용기를 줄 수만 있다면 그는 이미 누군가의 도깨비가 아닐까?

"나는 누군가에게, 그리고 누군가는 또 나에게."

· · · ·

6월의 마지막 주 아침이었지만, 해안가를 거닐다 보니 날씨는 무덥고 햇살은 무지 따가웠다. 잠시 쉴 요량으로 방파제에서 나와 길 건너편 편의점 인근으로 걸어가니 벽화가 눈에 띄었다. 드라마의 장면이 떠오를 수 있게 그림을 아주 정겹게 그려 놓았고 기념사진 찍기에도 안성맞춤이다. 그런데 재미있게도 이 벽화가 그려진 곳은 화장실 벽면이다. 주기적으로 관리를 잘하는지 벽화는 아주 깨끗한 느낌이었다. 또 벽화 속의 글귀는 절로 미소를 짓게 만든다.

"강릉과 함께한 시간 모두 눈부셨다.
파도가 좋아서
파도가 좋지 않아서
파도가 적당해서 모든 날이 좋았다."

드라마의 대사를 패러디한 것인데, 사실 도깨비가 말했던 원래 대사는 이렇다.

"너와 함께한 시간 모두 눈부셨다.
날이 좋아서
날이 좋지 않아서
날이 적당해서
모든 날이 좋았다."

좋은 생각을 하며 무더운 날씨지만, 나무 그늘 아래에 잠시 앉아 바닷바람과 함께 영진해변의 정취를 느껴보았다. 그랬더니 왠지 기운이 솟고 좋은 일이 생길 것만 같은 기분이 들었다.

· · · ·

사실 이곳에 꼭 와보고 싶었던 이유가 또 하나 있었다. 그건 바로 도깨비 드라마에 등장하는 조그마한 방파제를 직접 내 눈으로 확인해 보고 싶어서였다. 여기서 느끼는 풍경도 좋지만 방파제의 형태를 좀 더 살펴보고 싶었기 때문이다. 사실 방파제는 어느 해안에서나 어렵지 않게 찾아볼 수 있다.

흔히 방파제의 끝단에는 야간에 선박이 안전하게 출입할 수 있도록 하기 위해 녹등과 적등을 밝히는 등대가 설치되어 있다. 이러한 것을 항로표지라 하는데, 이는 선박이 목적지까지 안전하게 항해할 수 있도록 항로나 위험물의 위치 등을 불빛으로 알려주는 것이다.

나는 함정 근무를 하며 여러 방파제와 각종 항로를 무수히 다녀보았다. 또, 섬의 높은 곳에서 멀리까지 빛을 밝혀주는 육상 등대에도 가 본 적이 있다. 그럴 때마다 떠오르는 노래가 있었다. 바로 "등대지기"라는 동요이다. 초등학교 시절 나는 이 동요가 무척이나 좋았었다. 그 이유를 잘은 모르겠으나 가사와 멜로디가 왠지 내 마음에 와닿는 듯했다. 어쩌면 학예 발표회 때 부를 독창곡으로 연습을 하느라 더 많이 불러서 그랬는지도 모르겠다. 아무튼 나는 이 노래를 즐겨 불렀었다. 그런데 아무리 노래를 불러도 잘 이해가 되지 않는 부분이 있었다. 그건 바로 아름다운 노래인데 왠지 쓸쓸하고 구슬프게 들린다는 것. 나는 초임 장교 시절에 거문도라는 섬에서 근무하며 왜 "등대지기"가 그런 느낌을 주는지 그제서야 알게 되었다.

어두운 바다 멀리 수많은 배들에게 위치를 알려 주려면 섬의 높은 곳에 등대를 세워야 한다.

한 날은 부대원들과 함께 등대를 방문했다. 등대로 가는 길은 좁은 산길을 한참이나 올라가야 했으므로 힘들긴 했지만, 주변의 경치가 아름답고 높은 언덕에 들어서면 넓고 푸른 바다와 하얗게 부서지는 파도를 함께 감상할 수 있어서 무척이나 좋았었다. 하지만 그때마다 드는 생각이 있었다. 이곳을 지키는 등대지기는 얼마나 외로울까? 그리고 먹을 음식을 나르려면 얼마나 고생을 해야 할까?

등대지기는 등대의 주등이 꺼지면 보조등을 밝혀야 하기 때문에 혹시라도 발생할지 모르는 상황에 대비하여 24시간 등대를 지켜야 한다. 최근에는 등대로 올라가는 길도 많이 좋아지고 사륜 오토바이나 모노레일 등도 보급되어 예전보다 여건이 훨씬 좋아졌다고 한다. 그럼에도 외딴 섬에 떨어져 지내는 외로움을 달래기에는 여전히 부족할 것이다.

어떻게 보면 우리의 인생사도 바다 위를 떠다니는 배와 다르지 않은 것 같다. 맑고 잔잔하다가도 갑작스레 몰아치는 강한 비바람과 큰 파도에 맞서 싸워야 하고, 아주 먼 곳까지 훤히 보이다가도 어느새 한 치 앞도 보이지 않는 상황을 견뎌내야 하며, 항구에 안전하게 도착하기 전까지는 어떤 일이 벌어질지 모르므로 한순간도 방심해서는 안 되는 상황들이 말이다. 함정 근무를 하며 출동이 끝나고 야간에 항구로 돌아올 때 멀리서 등대 불빛이 보이면 그렇게 마음이 평안해질 수가 없었다. 곧 항구에 도착하여 지친 몸을 쉬고 가족을 만날 수 있다는 희망이 샘솟았기 때문일 것이다.

칠흑같이 어두운 거친 바다에서 지쳐갈 때 어느 방향으로 가야 하는지를 알려주는 등대와 같이, 삶이 힘들어 도대체 어떻게 해야 할지 모르

는 인생의 기로에 섰을 때 누군가 올바른 길을 안내해 줄 수 있는 등대
가 되어 준다면 얼마나 좋을까?

그런 마음이 있었기 때문인지 드라마 '도깨비'에 등장했던 방파제에서
의 명장면은 나에게 사뭇 다르게 느껴졌다.

· · · · ·

그런데 사실 이곳에 설치된 방파제는 좀 특이했다.

나의 함정 근무 경험 때문일까. 드라마의 장면을 아무리 살펴보아도
앞서 얘기했던 그런 등대는 전혀 보이지 않았기 때문이다. 그때 나는 생
각했다. 이건 선박의 출입과 항내의 정온도 확보를 위한 목적으로 만들
어진 것은 아닌 것 같다고. 그래서 이를 확인해 보기 위해 현장에 직접
와보고 싶었던 것이 이곳을 찾은 또 하나의 중요한 이유가 되었다.

도깨비의 명장면을 촬영한 짧은 방파제 주위를 직접 돌아보면 이와
비슷하게 생긴 형제 방파제가 인근에 또 여러 개가 있다는 것을 확인할
수 있었다. 모두 해안선에 수직이 되도록 바다 방향으로 설치되어 있었
는데, 크기는 조금씩 다르지만 총 4개가 늘어서 있었다.

이 방파제들은 바로 해안에서 계속 사라지는 모래의 이동을 막기 위
해 설치된 구조물이었다. 엄밀히 말하면 파도를 막는 방파제가 아니므
로 방사제, 또는 호안둑이라 불러야 맞다. 해안으로 평행하게 밀려오는
파도를 막기 위해서는 이처럼 해안에 수직으로 곧게 설치해서는 안 되
기 때문이다.

．．．．

영진해변에서 드라마의 명장면을 직접 체험해보며 삶의 활력소도 되찾았고, 궁금했던 방사제도 직접 확인해볼 수 있어서 참으로 값진 시간이었다.

삶이 지칠 때 한번쯤 이곳으로 여행 와서 이번에 느끼고 경험했던 소중한 기억의 필름을 다시 되돌려보면 좋을 것 같다.

# 강릉 영진해변에는
# 왜 짧은 방파제가 여러 개 있나요?

주문진항 앞에 방파제를 건설하면서 연안의 흐름이 바뀌게 되어 모래 사장이 눈에 띄게 사라지게 되었다. 이에 따라 주문진항에서부터 영진 항 사이의 구간에 모래가 사라지는 것을 방지하기 위해 인공구조물을 건설하였는데, 이를 방사제 또는 호안둑(Groyne)이라 한다.

| 주문진 방사제(호안둑)

호안둑(Groyne, 방사제)은 해안을 따라 이동하는 모래를 방지하기 위해 해안선에 수직으로 설치하는 구조물이다. 이는 둑의 상류 쪽 해빈이 더 크게 침식되는 것을 방지하는 데 도움을 준다.

해안으로 비스듬히 불어오는 바람은 해안과 평행하게 움직이는 해수의 흐름을 생성하게 되는데, 이러한 흐름을 Longshore Current라고 한다. 이러한 Longshore Current에 의해 해안선과 평행한 해안을 따라 모래가 운송되는 과정을 Longshore Drift라고 한다. 이 과정을 통해 모래가 운송되어 사라지는 것을 방지하고자 호안둑을 설치하는 것이다.

| 해안에서 모래의 이동원리

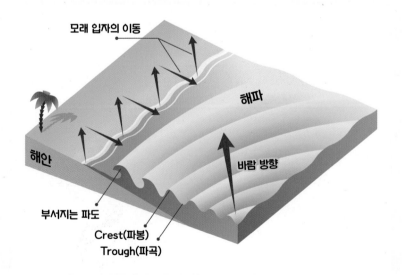

서 오스트레일리아 퍼스해변(Perth Beach)에도 아래 사진과 같이 호안둑이 건설되어 있다.

| 서 오스트레일리아 Perth Beach 호안둑

출처: From.Miles.Away

07

조선왕조실록에 등장하는

**경북 울진 해안**

필연보다 우연, 그리고 기록

# 경북 울진 해안

1741년 8월 29일(영조 17년 7월 19일) 조선왕조실록에는 흥미로운 사건 기록이 등장하는데, 그 내용은 다음과 같다.

> "강원도의 평해 등 아홉 고을에 바닷물이 줄어들어 육지와 같이 편편해졌다가 얼마 후에 물이 육지로 넘쳐 들어 하루에 번번이 7, 8차례나 넘어드니 바닷가의 인가가 많이 표몰되었고 주즙이 파손되었다." *

이 기록에 등장하는 당시의 지명 '평해'는 지금의 경북 울진이며, 1963년 이전까지 울진은 강원도에 속해있었다고 한다. 흥미롭게도 일본 역사에도 동일한 날짜에 홋카이도 남서 앞바다의 오시마섬 근해에서 큰

| * https://sillok.history.go.kr/main/main.do

| 경상북도 울진군 위치

화산지진이 발생하여 쓰나미 사망자가 무려 2,033명에 달했다는 내용
이 등장한다(도쿄대학 지진연구소 휘보 제52권).

조선시대에는 해양 관측 장비도 부족하고 정확한 기록을 남기기에도
불비한 여건이었을 텐데, '쓰나미가 들이닥치기 전에 물이 빠졌다는 상
황과 다시 밀려들기를 7, 8차례 반복했다는 사실'을 어떻게 그토록 상세
하고 정확하게 기록할 수 있었을까?

나는 당장이라도 그 역사적인 사건이 살아 숨 쉬는 경북 울진 해안으
로 여행을 떠나보고 싶어졌다.

· · · ·

나는 KTX로 포항역에 도착하여 홀로 이동할 예정이었으므로 경차를
렌트하였다. 포항역에서 내리자마자 7번 국도를 타고 울진항으로 이동
하기 시작했다. 내비게이션에는 약 1시간 30분이 소요된다고 나왔다.

푸른 바다를 보며 한참을 차를 타고 달리다가 보니 해안가에 배 한 척이 나타났다. 문산호! 장사 상륙작전에 참가했던 학도병과 장병들을 기려 조성한 해상공원. 이게 웬 행운인가? 처음 생각했던 목적지에는 없었지만 나는 잠시 차를 멈추고 현장을 둘러보고 싶어졌다.

장사 상륙작전은 1950년 6월 25일 북한군의 기습 남침으로 아군은 낙동강을 최후 방어선으로 적과 치열한 공방전을 계속하고 있을 때, UN군 총사령관 맥아더 장군은 총 반격전을 위한 인천상륙을 결심하고, 상륙 양동작전 명령을 하달함으로써 시작된 전투이다. 상륙함(LST, 2,700톤급)인 문산호는 부산항을 9월 13일 15:00시경 출항하여 다음날 새벽 05:00시경 장사동 해안 상륙지점에 도달하였으나, 케지아호 태풍으로 배는 좌초되고, 적의 포화 속에서도 대원들은 구국 일념의 투혼으로 악전고투 끝에 상륙에 성공하였다. 적 후방 교란 및 보급로를 차단하고 퇴각로를 봉쇄하여, 적의 전의를 상실케 함으로써 인천상륙작전을 성공시키는 데 크게 기여하였다. 17~19세의 학도병 718명 등 772명의 병력이 문산호에 탑승하였으나, 이 상륙전에서 학도병 등 전사 139명, 부상 92명을 포함하여 수십 명의 행불자가 발생하였다.

현장을 설명하고 있는 표지판 내용을 읽고 나서 숭고한 희생을 기리고자 문산호의 전경이 나오도록 사진을 찍어보았다. 그런데 생각지도 못하게 신기한 장면이 카메라에 담겼다. 놀랍게도 사진에 담긴 모습은 마치 전투가 벌어지는 당시의 현장과 같았다.

문산호 뒤의 수면 위를 둘러싼 먹구름은 마치 검은 포화가 밀려오는

│ 장사 상륙작전에 참가한 문산호

모습이었고, 하늘에 두 줄기 길게 내려오는 하얀 구름은 마치 포탄이 문
산호로 날아오는 듯한 모습이다. 또한, 오늘 유난히도 거세게 몰아치는
파도는 문산호 상륙 당시의 태풍으로 인해 강한 파도가 밀려올 때의 모
습을 재연하는 듯했다. 아마도 당시의 치열했던 전장에서 나라를 위해
목숨을 바친 젊은 영혼들이 그들을 오래도록 기억해주었으면 하는 바람
에서 만들어준 선물일까? 정말 영화의 한 장면과 같은 사진으로 다시는
촬영하기 힘들 것 같은 명장면이 담긴 것 같다.

　그들의 희생이 있었기에 지금의 자유를 누리고 있음에 감사하다. 마
음속으로 오래도록 기억하고 감사해야겠다고 다짐했다.

· · · ·

　벅차오르는 마음을 안고 다시 7번 국도로 발길을 옮겼다. 매번 올 때
마다 느끼는 것이지만, 이 도로를 달리는 것은 정말 행운이다. 푸른 바

| 울진항 | 방파제에 정박한 어선들

다를 마음껏 감상할 수 있고 한가로운 정취와 여유를 맘껏 즐길 수 있으니 말이다.

　동해 바다의 넓고 푸르름과 넘실대는 파도, 그리고 곳곳에 등장하는 관광지와 해수욕장 안내 표지판을 헤아리다 보니 어느새 울진항에 도착하였다. 나는 제일 먼저 울진항 방파제를 걸어보았다. 방파제의 길이는 그리 길지 않아 이내 끝자락에 닿을 수 있는데, 알록달록한 방파제가 정감을 더해 주었다. 울진항은 생각보다 작은 항구였고, 경사진 언덕에 주택이 많이 있는 것을 볼 수 있었다.

　아마도 언덕 위에 주거지가 많이 있었던 덕분에 1741년 쓰나미가 닥쳤을 때 물이 빠졌다가 들이닥치는 모습을 잘 내려다보며 관찰할 수 있지 않았을까? 역사의 현장에서 의문의 퍼즐을 맞춰보는 것은 참 의미 있는 일인 것 같다.

| 울진항 방파제 인근 해안

 

울진항의 북방파제 안쪽으로는 작은 어선들이 한 줄로 줄지어 정박해 있는데, 파란 하늘의 구름과 함께 어우러져 정겨움을 더하는 모습이 이채롭다.

울진항은 특이하게도 방파제 쪽보다 북쪽에 있는 해안이 더 아름답고 신비로운 정취를 느낄 수 있으므로 꼭 이곳을 방문하길 추천한다.

멀리 보이는 조그만 바위섬과 주변의 암초들, 그리고 그 사이로 하얗게 부서지는 파도는 마치 한 폭의 수채화 같지 않은가. 자연이 그려낸 멋진 장면을 보고 있노라면 마음이 무척이나 평온해지고 행복해지는 것을 느낄 수 있다.

그런데 아쉬운 점은 사진을 찍은 위치에서 좀 더 해안 안쪽으로 걸어가며 구경할 수 있는 길이 없다는 것이다. 혹시 언덕 위에서는 이 전경을 좀 더 감상할 수 있지 않을까? 하는 생각에 주변 마을을 거닐며 한참을 살펴보았지만 아쉽게도 그런 곳을 찾지 못했다.

혹여라도 나와 같은 아쉬움을 느끼는 관광객들을 위해 해안 위의 언덕에 산책로를 만들면 좋겠다는 생각이 들었다. 그렇게 한다면 관광객들이 자연스레 늘어나 지역 발전에도 도움이 되지 않을까? 그러고 보니 울진항 앞에는 잠시 여유를 즐기며 쉬어갈만한 카페 등 여행객들을 위한 편의시설이 눈에 띄지 않았다. 그만큼 찾는 이가 적다는 방증일 듯하다.

. . . .

이번 여행을 통해 문득 떠오른 것이 있다. 행운은 생각지도 못한 상황에 우연히, 불쑥 찾아온다는 것을. 오늘의 상황이 그러하였다. 울진항을 찾아가려 하였는데, 운이 좋게도 장사 상륙작전 현장을 방문할 수 있었고 두 번 다시 얻을 수 없을 것 같은 멋진 사진도 카메라에 담을 수 있었다. 더욱이 오늘은 바람이 많이 부는 터라 해상의 파도가 꽤 높게 쳤다. 그럼에도 날씨는 화창했다. 그 덕분에 평소보다 훨씬 큰 파도가 해안으로 넘실대며 밀려와 차좌좌~ 하얗게 부서지는 장면을 마음껏 즐길 수 있었다. 그래서인지 카메라에 담긴 사진만 보아도 맹렬히 부서지는 파도 소리가 귓가에 들려오는 듯하다.

살다 보면 때로는 필연보다 우연으로 이루어지는 일들이 더 큰 행운을 가져다주는 경우가 많은 것 같다.

사실 오늘 울진항을 찾게 된 것 자체도 우연에서 시작되었다. 내가 생도들에게 쓰나미에 대해 가르치다가 해당 주제로 발표를 시킨 적이 있었다. 발표를 하던 생도 한 명이 인터넷을 뒤져 조선왕조실록에도 해일에 대한 기록이 있다는 내용을 발표하였는데, 나는 그 말이 너무도 신선하게 다가왔다.

그 뒤로 조선왕조실록에 기록된 해일이 쓰나미와 어떤 연관이 있는지를 살펴보다가 해양학적인 관점에서 연구한 사례가 전혀 없음을 확인하고 1741년 조선왕조실록에 기록된 쓰나미를 연구하게 되었다.

만약, 조선시대에 이런 기록을 남기지 않았다면 내가 이런 연구를 할 수 있었을까? 그렇게 생각하니 시대를 뛰어넘는 우연이 내게 행운으로 다가온 것임을 느끼게 되었다. 참으로 감사하기도 하고 온몸에 전율이 느껴지기도 한다.

· · · ·

조선왕조실록이 전하는 바와 같이 우리 민족은 기록을 잘하고 중요시하며, 후대에 남기는 노력을 게을리하지 않았다. 조선왕조실록의 짧은 기록이 약 300년의 세월을 뛰어넘어 우연히 나에게 행운으로 다가온 것처럼 나도 기록을 잘 남겨야겠다는 생각이 들었다.

그것이 언젠가 누군가에게 행운으로 다가갈지 알 수 없지 않은가.

오늘 나의 여행은 보석을 얻거나 복권에 당첨되는 정도의 행운은 아닐지라도 우연히, 행운이 내게 찾아온 것만은 확실한 것 같다. 그리고 어쩌면 값으로 따질 수 없으니 보석보다 더 값진 것일지도 모른다.

그래서 오늘 여행을 이렇게 한 줄로 표현해보고 싶다.

"필연보다 우연, 그리고 기록"

# 쓰나미가 발생하는 원리는 무엇인가요?

쓰나미는 항구나 해안에 갑자기 밀려드는 큰 파도를 말하는데, 대부분 해저 지형이 솟아오르거나 가라앉는 등의 연직 단층 운동으로 시작된다. 이 변동은 해저 바닥부터 그 위의 해표면에 이르는 물기둥 전체에 그대로 전달된다. 물기둥의 높이는 발생 위치마다 다를 것이나 동해의 평균 수심이 약 1,700m임을 고려한다면 한라산 높이(약 1,900m)에 버금가는 거대한 물기둥이 됨을 짐작할 수 있다. 비록 수면상으로 솟구쳐 오르는 높이는 미미하나 해저면 바닥까지 전체에 작용하는 힘이므로 그 에너지는 엄청나다. 한라산 전체를 1m 들어 올렸다가 한순간에 바닥으로 떨어뜨린다고 상상해보자. 그 힘은 실로 엄청날 것이다.

1741년 조선왕조실록에 기록된 쓰나미 피해는 일본 홋카이도 남서쪽의 작은 오시마섬의 화산 폭발로 산채의 절반이 한꺼번에 무너져내려 발생한 것으로 알려져 있다.

쓰나미는 파장이 매우 길고 그 전파 속도 또한 매우 빠르다. 심해에서의 파고는 1m 이하로 매우 낮을 수 있으나 파장은 수백 km에 이를 수 있으며 수심이 낮은 해안에 도달할 때 파고가 높아지므로 매우 위험하다. 파장이 짧은 해파는 상대적으로 에너지를 빨리 잃게 되어 멀리 전파될 수 없으나 쓰나미와 같이 파장이 긴 해파는 매우 먼 거리까지 빠른 속도로 전파될 수 있다. 지진해일의 전파 속도(c)는 수심에 따라 결정되는데($c = \sqrt{gh}$, $g$: 중력가속도, $h$: 수심), 대양의 평균 수심 약 4,000m에서의 쓰나미 속도를 계산해보면 약 710km/h에 달하므로 제트기의 속도에 버금간다.

1741년 홋카이도 남서쪽에서 발생한 쓰나미가 경북 울진에 도달하는 데까지 걸린 시간은 2시간이 채 되지 않는다고 한다. 그렇다면 경북 울진에 들이닥친 쓰나미 상황이 왜 그토록 정확하게 기록될 수 있었을까?

│ 일본 홋카이도 서쪽에서 발생한 쓰나미가 경북 울진에 도달한 주요 경로

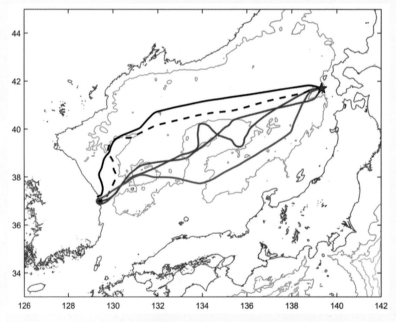

출처: 변상신·김경옥, 해안해양공학회지(2021)

최근 연구에 의하면(변상신·김경옥, 2021) 당시 쓰나미가 들이닥친 시간은 아침 07:00시경인데, 이때는 8월 29일로 여름이었다. 여름철의 이른 일출 시간을 고려한다면 대부분 활동을 하고 있을 시간대였을 것으로 판단된다. 쓰나미가 도달한 시간이 모두가 잠든 한밤중이나 이른 새벽이 아닌, 날이 훤히 밝은 뒤였으므로 쓰나미 현상의 육안 확인이 가능했을 것으로 보인다. 이러한 이유로 조선왕조실록에 "바다가 편편해졌다가 7, 8차례의 해일이 넘나들었다"라는 비교적 상세한 정보가 기록될 수 있었을 것이다.

| 조선시대, 울진 해안으로 들이닥친 쓰나미 상상도

또 과거 한반도 동해안에 피해를 준 지진해일 중 1983년 5월 26일 일본 아키타현 근해에서 발생한 쓰나미의 평균 주기는 8~12분, 1993년 7월 12일 일본 홋카이도 오쿠시리섬 근해에서 발생한 쓰나미의 평균 주기는 5~10분으로 알려져 있다(weather.go.kr). 따라서, 해일이 7, 8차례나 넘나들었다는 기록을 통해 볼 때 쓰나미의 주기를 약 10분 정도로 가정하더라도 당시의 해일은 1시간 이상 지속되었을 것으로 추정할 수 있다.

# 08

낙조가 아름다운

## 서해 궁평항

여행이 항상 즐거울 수만 있으랴. 화가 나는 날도, 의견이 맞지 않는 날도,
억수로 운이 없는 날도 있는 게 여행의 맛이지 않을까?

낙조가 아름다운
# 서해 궁평항

대학원 석사과정 중에 궁평항 방파제 확장 관련 수치 모델링 연구를 했던 적이 있다. 사실 그때 그 용역 연구를 내가 담당할 것이라고는 전혀 예상하지 못했고 그런 연구가 진행될 것이라는 사실도 전혀 인지하지 못하고 있었던 터였다. 그러던 중 어느 날 관련 업체 관계자 2명이 나를 찾아와 다짜고짜 연구가 어떻게 진행되고 있느냐고 물었다. 어리둥절해하는 내 모습을 보고는 "기한이 얼마 남지도 않았는데 어떡하지?" 하며 한숨을 푹푹 쉬던 그때의 상황은 지금 생각해도 너무 민망하고 아찔하다. 그 연구를 내가 담당할 거라는 것은 나의 지도교수님의 머릿속에만 있었던 것이었다. 뒤늦게 나는 그 사실을 알게 되었고 얼결에 용역 연구를 맡게 되어 조석 모델링부터 해파 모델링까지 다양한 연구를 하

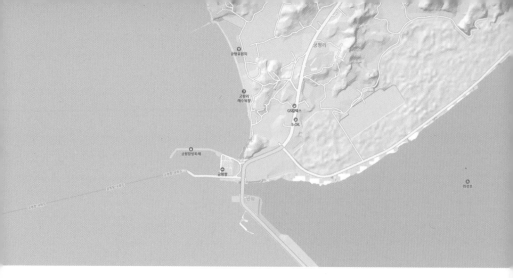

느라 분주한 시간을 보내게 되었다. 그 후 결혼 1주년이 되던 날에도 나는 보고서 작성 기한을 맞추느라 연구실에서 밤을 지새워야만 했다. 누구나 생각하는, 환하게 촛불이 켜진 케이크와 함께하는 결혼 1주년 파티는커녕 복도식 아파트에 밤새 홀로 남겨져 두려웠을 아내를 생각하면 지금도 너무 미안한 생각이 든다.

우여곡절 끝에 나의 석사논문보다 더 두꺼운 보고서를 만들어 제출함으로써 그 연구는 일단락되었고, 이후 업체 관계자의 요청으로 경기도청 설명까지 동행하며 모든 업무가 끝나게 되었다.

＊ ＊ ＊ ＊

그렇다. 궁평항과 나의 인연은 오래전에 그렇게 시작되었다. 그런데 그런 연구를 하면서도 정작 나는 궁평항에 한 번도 직접 가보지 못했다는 사실이 아이러니하다. 해도와 사진으로만 보고 수치적으로 연구만

| 궁평항 방파제 모습
출처 : 네이버 지도

하였을 뿐이다. 그러한 아쉬움 때문이었을까? 항상 내 마음속 한편에는 궁평항에 대한 생각이 자리하고 있었던 듯하다.

　그 뒤로 10년이 훌쩍 지난 어느 날 문득 궁평항이 떠올랐고 이번에는 꼭 그 장소에 가봐야겠다는 생각이 밀려왔다. 그래서 떠나기 전 네이버 지도를 유심히 살펴보았다. 혹시 내가 연구했던 내용이 반영되어 있을까? 약간의 두근거림과 기대감을 갖고 말이다.

　그런데 아쉽게도 앞의 지도에서 보이는 것처럼 내가 연구했던 내용은 전혀 반영되지 않은 모습이어서 한숨과 함께 다소 실망감이 느껴졌다. 그러던 중 현장의 모습을 좀 더 생생하게 살펴보고 싶어 네이버 지도를 위성모드로 바꾸어 보았다.

　어? 그런데 위성지도의 모습은 좀 다른 듯했다. 자세히 보니 방파제의 모습에 일부 변화가 확인되었다.

내가 연구했던 내용은 항내 정온도 확보를 위해 기존 방파제를 좀 더 확장하거나 방파제 입구 쪽 외해에 방파제를 추가로 설치하는 등의 3가지 안에 대한 장·단점을 비교·분석하는 것이었는데, 그중 방파제 입구 외해에 방파제 150m를 추가로 설치하는 안이 반영되었던 모양이다. 이러한 궁평항 시설 개선 공사는 2015~2020년 말까지 6년 만에 완료되었다고 한다.

궁평항은 경기도 화성시 서신면에 속해있으며 경기도 유일의 국가 어항이자 관광 어항이며 인근에 공룡알 화석지가 있는 곳이기도 하다. 궁평항이 위치한 궁평리는 고려 초부터 궁궐에서 관리하던 들녘이 많았던 곳이어서 '궁들'로 불리다가 궁평(宮坪)이라는 한자 지명으로 바뀌었다고 한다. 궁평항 인근에는 해수욕장의 모래 해변과 건강한 갯벌, 해송 숲이 어우러져 있으며 각종 수산물이 풍부하고 갯벌과 낚시 체험도 할 수 있다.

· · · ·

궁평항에 대한 사전 학습을 어느 정도 하였으니 이제는 현장으로 달려갈 준비가 된 것 같았다. 궁평항 연구를 할 때에는 신혼이어서 가족이 2명이었지만 이제는 고등학교에 다니는 두 아들이 있어 가족이 총 4명으로 늘어났다. 석사과정 중에 있었던 이야기를 들려주니 가족 모두 궁평항에 함께 가보고 싶다고 하였다. 그래서 오랜만에 가족 여행도 할 겸 두근두근 설레는 마음으로 차를 타고 이동하려는데, 밖에는 비가 내리고 있었다. 이동 중에 소나기성 폭우가 억수같이 쏟아졌다가 그쳤다가를 반복하였는데, 순간적인 폭우가 내릴 때는 정말 앞이 하나도 보이지 않을 정도였다. 궁평항에 도착하면 제발 비가 그쳐 있기를 기도하며 차를 몰고 약 2시간을 달렸다. 궂은 날씨였지만 가족과 함께하는 여행을 생각하니 기분이 좋았다. 궁평항이 가까워지자 첫째 아들이 배고프다고 말했다. 그도 그럴 것이 점심때가 조금 지난 시점이었다. 궁평항에 도착하면 맛있는 걸 사주겠다고 약속하고 즐겁게 차를 몰았다. 방조제길을 달리며 바다를 보니 궁평항이 가까워짐을 느낄 수 있었다. 다행히 궁평항 인근에 도착하자 비는 점점 잦아들었고, 차에서 내릴 즈음에는 우산을 펼칠 필요도 없을 만큼 날이 개었다.

어디에 주차할까 생각하며 주변을 돌다가 궁평항 수산물직판장 인근에 마련된 넓은 주차장을 발견하였다. 주차장이 그렇게 넓은데도 차들이 꽉 차 있는 걸 보니 관광객이 많이 찾는 곳임을 직감할 수 있었다. 주차를 하고 나서 가장 먼저, 나와 애절한 인연이 있는 궁평항 방파제를 보고 싶어 급히 발걸음을 옮겼다. 물론 나도, 다른 가족들도 배가 고픈 상황이라 마음은 더 급해졌다. 바다로 산책을 할 수 있는 데크로드가 잘 마련되어 있었지만 주변의 경관은 내 눈에 들어오지 않았고, 나는 곧장 방파제 끝단까지 걸어가 보았다. 이윽고 방파제 외해 쪽에 추가로 설치된 방파제를 내 눈으로 직접 확인할 수 있었다. 내가 연구했었던 방파제가 추가로 설치된 것이 맞다는 사실을 두 눈으로 확인하는 순간이었다. 방파제를 멍하니 바라보고 있노라니 만감이 교차하였고, 예전에 연구실에서 모델링을 하며 보고서를 쓰고, 고뇌했던 순간들이 주마등처럼 스쳐 갔다.

그때 나와 악연을 맺었던 녀석이 바로 내 눈앞에 펼쳐져 있었다. 생각해보면 그동안 나도 너무 무심하여 한편으론 미안한 마음도 들었다. 어찌 보면 이것도 인연이 아닌가? 그 덕분에 내가 이곳 궁평항에도 와 보게 되었으니. 그래서 이제는 이 녀석과 화해하고 좋은 친구로 지내보는 것이 어떨까? 하는 생각이 든다.

방파제를 돌아보며 가족들에게 저기 보이는 저 방파제가 바로 내가 연구한 것이라며 너스레를 떨었는데 가족들은 신기하고 재미있다며 내 말에 귀 기울여 주었다. 그래서인지 더 우쭐한 기분이 들었다.

내가 그토록 확인하고 싶었던 방파제를 보고 나니 마음이 한결 가볍고 여유로워졌다. 그래서 주변을 돌아보니 궁평항은 생각보다 꽤 큰 규모를 가진 곳이어서 놀랐다. 좀 더 한가로운 마음으로 방파제 인근에 마련된 산책로를 휘 한 바퀴 돌아보며 주변의 갯벌과 어선들, 그리고 인근에 건설된 방조제로 인해 새로 생긴 화성호도 멀리서 바라보았다.

• • • •

우리는 이제 허기진 배를 채우기 위해 해산물이 가득한 궁평항 수산물직판장 내부로 발걸음을 옮겼다. 직판장 내부는 생각보다 규모가 컸다. 어느 집에서 주문하는 것이 좋을지 잘 판단이 되지 않을 만큼 간판들이 즐비했다. 몇 곳을 돌아보다가 조곤조곤 해산물에 대해 잘 설명해주고 좋은 가격으로 서비스도 주겠다는 어느 사장님의 말에 현혹되어 그 집에서 주문을 하게 되었다. 사실 배가 많이 고픈 터라 여러 집을 돌아볼 생각이 없어서 빨리 결정했던 것 같기도 하다.

| 궁평항 수산물직판장의 해산물

아무튼 우리는 도다리 회와 쭈꾸미 샤브샤브, 그리고 서비스로 제공
해주기로 한 초밥까지 한 상을 가득 차렸다.

이렇게 궁평항의 여행은 마냥 즐겁게 이어지는 듯했다. 그런데 생각
지도 못한 일이 벌어졌다.

갑자기 첫째 아들이 투덜거리기 시작하더니 점점 수위가 높아져 화를
내기 시작했다.

나와 아내는 쭈꾸미 샤브샤브에 칼국수도 넣어 먹을 수 있는데, 이거
신선할 때 조금 먹고 주변에 튀김집도 있으니 좀 있다 그거 먹으러 가자
며 달래보았다. 하지만 이미 화가 끝까지 난 아들을 달랠 방법은 없었
다. 아들의 말은 이랬다.

"분명 내가 회를 좋아하지 않는다는 것을 알고 있으면서! 여행을
떠나기 전에 회 말고 다른 먹을 것이 있느냐고 물었을 때, 맛있는

| 쭈꾸미 샤브샤브와 신선한 회

거 많으니까 걱정 말라고 하지 않았어? 그런데 이게 뭐야. 쭈꾸미
를 먹으라니.”

그렇다. 내가 잠시 잊고 있었던 것이 생각났다. 차를 타고 달리던 중
에 배가 고프다고 했던 아들. 배가 많이 고픔에도 내 옆에서 밝게 웃으
며 내 이야기를 들어주고, 저 방향으로도 사진을 찍어보라며 함께 즐겨
주었던 아들이었는데, 갑자기 화를 내는 모습에 모두의 표정은 한순간
에 경직되고 주변 분위기는 싸늘해졌다.

사실 첫째는 회를 좋아하지 않는다. 아내와 둘째 아들은 해산물을 무
척이나 좋아하고, 나도 그렇게 즐기는 편은 아니지만 가리지는 않는 편
인데, 왜 첫째만 유독 해산물이라면 그렇게 싫어할까? 좋아하는 해산물
이 있긴 하다. 그건 바로 새우. 새우는 그토록 좋아하는데 왜 다른 해산
물은 싫어하지?

주변 사람들이 쳐다볼까 두렵기도 하고 얼른 이 상황을 타개해야 한다는 생각에 입맛에 맞는 것을 사주겠다고 하며 얼른 아들을 데리고 밖으로 나갔다. 인터넷에 보면 해산물 말고도 맛있는 것들이 많이 있다고 했다. 그래서 아들에게 맛있는 거 사주겠다고 약속한 것인데, 이상하게도 주변에 그런 걸 파는 곳이 잘 보이지 않았다. 주차장을 지나니 건물에 식당이 보여 그곳으로 가려 했지만 문을 닫은 상태였고, 그 흔한 패스트푸드 음식점도 딱히 보이지 않아 참으로 답답하고 미안한 마음이 가득했다. 그래도 어쩌겠는가. 찾아봐야지. 빨리 먹을거리를 파는 곳이 나오기를 기대하며, 한편으론 좀처럼 달래지지 않는 아들을 달래며 빠르게 발걸음을 옮겼다. 좀 더 걸어가다 보니 드디어 푸드트럭이 양쪽으로 늘어선 거리가 나타났다. 휴~ 살았다.

나는 안도감을 가지고 "푸드트럭이 여기에 있었네. 이렇게 안 보이는 곳에 있으니 쉽게 찾을 수가 없지. 자, 뭐든 사줄 테니 마음껏 골라봐." 라고 자신 있게 말했다. 어? 그런데 예상치 못한 반응에 나는 다시 당황할 수밖에 없었다.

"먹기 싫어."

"여기 맛있는 거 많은데 한번 골라봐."

"먹기 싫다니까."

한 대 콕 쥐어박고 싶은 마음이 부글부글 끓었지만, 어쩌겠는가. 그런 마음을 꾹꾹 누르고 "그러면 아까 입구에 보니 새우튀김 같은 것을 팔던데 거기로 가보자."라며 아들의 손을 잡고 바삐 움직였다. 다행히 새우

튀김은 먹겠단다.

한편으로는 다행이면서도 한편으로는 화가 다 안 풀린 것 같아 불안한 마음에 새우튀김을 사서 발길을 돌렸다. 이제 해피엔딩이 가능할지도 모른다는 기대감에 나는 아들에게 말했다.

"우리 이거 가지고 수산물 판매장에 가서 함께 먹자."

그 제안에 당연히 못 이기는 척 화답할 거라 기대했다.
그러나...
아들놈은 단칼에 거절했다.

"싫어. 차 문 열어줘. 나는 차 안에서 먹을 거야."
"그래도 가족끼리 같이 즐겁게 먹자. 응?"
"나는 회 싫다고. 냄새가 싫다고."

화가 나서 토라진 아들을 달랠 길은 묘연했다. 어쩔 수 없이 아들을 차에 홀로 남겨두고 다시 수산물 판매장으로 향했다.

회도 신선하고 초밥도 맛있고 쭈꾸미 샤브샤브도 좋았는데, 한가로이 먹을 수가 없었다. 역시 마음이 편안한 상태에서 즐겁게 먹어야 제맛인데, 그렇지 못하니 아무리 맛있는 음식도 소용이 없었다. 더 먹다가는 체할 것 같았다. 그건 다른 가족들도 마찬가지였다. 그래서 우리는 그만 먹기로 하고 남은 음식을 포장해 달라고 했다.

차에 가보니 첫째는 혼자 새우튀김을 다 먹고 여전히 꿍한 표정을 짓고 있었다.

| 궁평항 낙조길

　애초 계획은 궁평항에서 점심을 먹고 인근에 있는 '궁평 낙조길'을 거
닐며 한가로운 시간을 보내는 것이었다.

　그런데, 첫째 아들의 표정을 보아서는 그건 불가능할 것 같았다. 그래
서 우리는 더 이상 이곳에 머무는 것을 포기하고 자리를 옮기기로 하였
다. 그래도 아쉬운 마음에 사진 한 장은 담았다.

　낙조길 표지판 앞에는 하얀 토끼 한 쌍의 조형물이 반기고 있었고, 주
변의 바다와 육지, 그리고 맑은 하늘의 정취를 모두 만끽할 수 있는 곳
인 것 같았다. 갈매기가 한가로이 나는 모습도 보기 좋을뿐더러 해질녘
에 거닐면 더욱 좋을 것 같다는 생각이 들었다. 하지만 오늘은 그만. 다
음 기회를 기약하기로 하였다.

오늘의 여행은 마냥 즐겁지만은 않았다. 그러나 즐거운 시간이 더 많았던 건 사실이다. 단지, 첫째 아들의 마음을 헤아려 인근의 푸드트럭에 먼저 들러 원하는 음식을 구매한 뒤에 수산물 판매장을 방문했더라면 하는 아쉬움이 남는다.

여행이 항상 즐거울 수만 있으랴. 오늘처럼 화가 나는 날도, 의견이 맞지 않는 날도, 억수로 운이 없는 날도 있는 게 여행의 맛이지 않을까?

어쩌면 덕분에 이곳을 다시 찾을 이유가 생겼고, 지나고 나서 보면 웃으며 이야기할 수 있는 추억이 하나 생긴 셈이다. 더구나 아들의 마음을 좀 더 이해할 수 있는 계기가 되었으니, 어쩌면 이 또한 감사할 일이라 생각된다. 이번 여행은 아들에게 한마디 남기는 것으로 마무리해야 할 것 같다.

"아들! 오늘은 미안했고, 다음에는 꼭 푸드트럭에 먼저 들러 맛있는 거 사줄게."

# 방파제는 어디에 왜 건설하나요?

방파제는 외해로부터 들이닥치는 파도를 막아 항구에 정박하는 함정들이 안전하게 드나들고 휴식할 수 있는 공간을 만들어 준다. 현대와 같이 인공 방파제를 만들 수 없던 시절에는 천혜의 항구를 찾아야만 했을 것이다. 신라시대 해상왕 장보고의 청해진이 바로 이러한 곳이라 할 수 있는데, 주변의 많은 섬들에 둘러싸여 있고 섬의 뒤편에 항구가 자리하고 있어 파도가 잔잔하고 강풍으로부터도 잘 보호받을 수 있는 최적의

| 전남 완도군의 청해진

장소였다.

　앞서 강릉 경포해변(02)에서 해파의 굴절에 대해 알아보며 해안선이 돌출된 부분에 파도가 집중된다는 것을 알 수 있었다. 해파가 어디로 수렴되고 발산하느냐는 부두나 해안 구조물을 건설할 때 매우 중요하다. 해파의 굴절에 대한 연구가 잘 알려지기 전 미국 캘리포니아 엘-세군도(El-Segundo)에 기름을 싣는 부두가 건설되었던 적이 있는데, 공교롭게도 강한 파도가 이곳에 수렴되는 현상이 발생되어 부두가 폐쇄된 사례가 있었다고 한다.

　현대에는 발전된 과학과 건설 기술을 기반으로 다양한 시뮬레이션과 수리 실험을 거쳐 파도를 효과적으로 막을 수 있는 방파제를 건설하고 있다. 방파제를 건설할 때는 파고의 높이도 중요하지만 파도가 밀려오

| 해파의 굴절

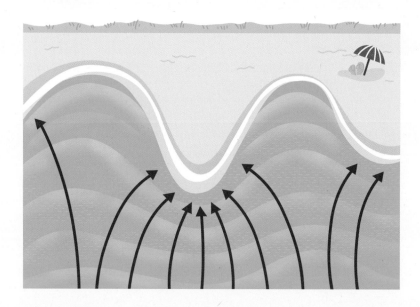

는 방향도 중요한데, 파도 방향과 가능한 직각이 되도록 방파제를 건설하는 것이 효과적이다. 만약 항구의 입구와 파도가 밀려오는 방향이 같은 방향일 경우에는 파도가 쉽게 해안으로 밀려들어 올 것이므로 항내 정온도 확보가 곤란하게 된다.

궁평항 방파제가 처음 건설될 당시의 모습은 지금과 사뭇 달랐다. 육지와 직접 연결된 방파제밖에 없었는데, 이 구조로는 항내에 밀려오는 파도의 영향을 충분히 막을 수 없어 정온도 확보가 어려웠던 모양이다. 이에 따라 방파제 보강이 필요하게 되었고, 이러한 요구로 인해 내가 석사학위 과정 중 관련 연구를 하게 되는 인연이 되었다.

이런 생각을 하며 기존 방파제 바깥쪽에 추가로 설치된 방파제를 보니 감회가 새로웠다. 어쨌든 우여곡절 끝에 인연을 맺은 궁평항이 앞으로도 안전하고 관광 자원으로도 많이 활용되기를 기대해본다.

태풍은 자주, 그러나 내가 찾기엔 어려운

# 울릉도

해상에는 태풍이 무려 3개나 발생하여 이동하고 있었다.
태풍이 비껴가는 행운이 이어지길 기도해본다.

태풍은 자주, 그러나 내가 찾기엔 어려운

# 울릉도

나는 울릉도를 먼발치에서 여러 번 바라본 적은 있지만, 울릉도 땅을 직접 내 발로 밟아볼 기회는 거의 없었다. 지난 1995년 내가 사관학교 생도 3학년 시절이었던 때, 군함을 타고 해상 경험을 쌓을 수 있는 '연안 실습'이라는 기회가 있었다. 이때 울릉도에 가기로 되어 있었다. 그런데 이게 웬일인가? 다음 날 울릉도에 가기로 예정되어 있던 계획이 갑자기 바뀌었다는 소식이 들려왔다. 한껏 기대에 부풀어 있었는데, 그 계획이 갑자기 바뀌다니 여간 아쉬운 게 아니었다. 일정을 바꾸게 된 피치 못할 이유가 있다고 하는데, 그게 바로 태풍이었다.

그 뒤로도 나는 장교로 임관하여 실무 생활을 하던 중, 대위 시절 구축함에 근무하며 울릉도를 자주 찾았었다. 주로 작전 임무를 수행하며 울릉도 근해를 지나칠 때 멀리서 울릉도를 바라보았다. 또, 때로는 주요 물품이나 인원 이송 등의 이유로 울릉도를 여러 번 찾기도 하였는데, 이때는 울릉도 근해에 대기하며 격려 차원에서 승조원들이 몇 시간씩 교대로 울릉도로 외출을 할 수 있는 기회가 주어지곤 했다. 그런데 나는 아쉽게도 단 한 번도 이런 기회를 갖지 못했다. 이유는 간단했다. 중요한 직책을 맡고 있으니 함정에 대기하라는 것인데, 잘 이해가 되지는 않았다. 가까이하기엔 너무도 먼 울릉도와의 안타까운 인연은 그 뒤로도 지속되었다. 그러던 중 2020년 8월 9일 드디어 울릉도에 입도하는 여객선표를 예매하게 되었다. 울릉도에 직접 내릴 수 있다는 기대를 가져본 지 무려 25년 만에 다시 찾아온 기회가 아닌가? 처음으로 울릉도에 직접 내려볼 수 있다니 너무도 가슴 설레는 일이었다.

두근대는 마음을 안고 아침 일찍 포항 여객선 터미널에 도착하였다. 출발 시간은 오전 09:00시로 출발 전까지 시간적인 여유가 좀 있어 근처에서 즐거운 마음으로 아침 식사를 하고 난 뒤 대합실로 이동하였다. 그런데 또 이게 웬일인가?

여객선 운항을 하지 않는단다. 바람도 없고 바다도 매우 잔잔했다. 더구나 강릉에서 출발하는 여객선은 정상적으로 출발한다는 소식을 들었다. 그런데 왜 여객선 운항을 하지 않는다는 말인가?

원인은 다름 아닌 태풍이었다. 또 태풍? 문득 25년 전의 상황과 지금 이 순간이 절묘하게 오버랩(overlap)되어 마음이 복잡해졌다. 혹시 이번에도 울릉도에 못 가게 되는 건 아닐까?

발목을 잡은 태풍은 다름 아닌 2020년 제5호 태풍 '장미'였다. 아주 소형 태풍으로 남해안에 상륙하기 전에 소멸할 것으로 예보되고 있었으며 가끔 날씨가 나빠 풍랑주의보가 내릴 때 정도의 바람이 불 것으로 예상되고 있었다. 태풍이 남해안에 근접하여 소멸하는 시기는 8월 10일 15:00시경이었다. 태풍이 소형이고 또한 내습하기 전날이므로 해상의 날씨는 너무도 좋았던 것이다. 그래서 강릉에서 포항으로 운항하는 여객선은 정상적으로 출항을 했던 것이었다. 그런데 포항발 여객선은 왜 운행하지 않는다는 것인가? 태풍이 소멸하는 경남 남해안보다 더 먼 곳이 울릉도이니까 차라리 울릉도에 머무르면 더 안전할 것 같다는 생각도 들었다. 그런데도 운항하지 않는 이유는 강릉 여객선 1척은 피항할 수 있지만 포항 여객선까지 동시에 두 척이 피항하기에는 어려운 울릉도의 여건 때문이란다. 그렇다면 강릉 여객선을 운항하지 않고, 포항 여객선을 운행하면 될 것을… 왜 하필 내가 타려는 여객선이 운항통제란 말인가?

참으로 답답한 내 심정을 이해해줄 사람도 없고 하소연한들 여객선 운항계획이 바뀔 것 같지도 않고, 어쩔 수 없이 발길을 돌리는 수밖에 없었다. 하지만 이대로 울릉도 입도를 포기할 수는 없었다. 난생처음 울릉도에 가 볼 수 있는 기회인데 이대로 접을 수는 없는 일이었다. 다음 날 날씨가 좋으면 운항할 수도 있다는 안내를 받고 하루를 더 기다려 보기로 했다. 태풍이 소멸할 것이므로 아마도 내일은 가능하지 않을까? 희망을 가져보기로 하였다.

드디어 다음 날이 되었다. 기대하는 마음으로 여객선 터미널에 전화를 걸어 보았다. 오전에는 통제이나 오후에는 운항이 가능할 수도 있으니 오후에 터미널로 나와 달라는 것이었다. 이 얼마나 다행스러운 일인가? 기다린 보람이 있다는 생각이 들고 희망이 벅차올랐다.

빨리 시간이 갔으면 좋겠다는 생각에 조바심이 나는 것을 꾹꾹 누르며 13:00시에 터미널에 도착하였다. 우리는 안내 방송을 계속 기다렸다. 30분마다 안내 방송이 나오는데 파고가 3.0m를 초과하면 운항이 통제된다고 한다. 울릉도 근해에 계류되어 있는 기상청의 파고계 관측 자료를 활용한다고 하는데 최대 파고 자료를 활용하는 것 같았다. 우리는 17:00까지 약 4시간을 더 기다렸다. 그런데 또 '운항통제'라는 안내를 받게 되었다. 울릉도에 가는 것이 이렇게도 어렵단 말인가? 또 한 번의 실망을 거듭하고, 이렇게 된 이상 다음 날까지 한 번 더 기다려 보자는 오기가 발동하였다.

다음 날 아침, 여객선 터미널이 열리자 부리나케 전화를 걸었다. "오늘은 여객선 운항하나요?", "네, 고객님. 오전은 통제이고 오후에는 파고가 낮으면 운항할 예정입니다." 다시 한번 희망을 갖고 13:00시에 여객선 터미널로 갔다. 터미널에는 며칠간 지친 여행객들이 가득 차 있었다. 모두가 희망의 눈빛을 반짝이며 30분마다 들려오는 안내 방송에 귀 기울이고 있었다.

나도 30분마다 들려오는 안내에 귀를 쫑긋 세울 수밖에 없었다.

"현재 파고 3.4m로 파고가 높아 운항통제입니다. 30분 후에 다시 안내드리겠습니다.", "현재 파고 3.3m", "현재 파고 3.2m", "현재 파고 3.3m".

이윽고 여행객들 여럿이 매표소 안내자에게 이야기한다. "3.2m나 3.0m나 그게 그거 아니에요? 장비 오차도 있을 거고 그냥 운항합시다." 그에 대한 답변은 "저희도 운항하고 싶습니다. 그런데 위에서 통제합니다. 3.0m 이하로 떨어져야 운항 허가가 납니다. 저희도 답답한 걸 어쩌겠습니까? 저희도 운항하는 것이 이득이기 때문에 일부러 운항을 안 할 리가 없습니다. 지금까지 기다리셨으니 조금만 더 기다려 보시죠."

지쳐가는 사람들의 마음도, 안내자와 운항사의 마음도 이해가 되는 순간이다. 그런데 기다리는 것이 너무 힘든 건 어쩔 수 없고, 혹시나 오늘도 운항을 안 하면 어쩌나? 하는 불안감을 떨쳐내기도 쉽지 않았다.

이제 16:00시가 지났다. 운항사 안내자는 17:00시까지 기다려 보자고 했다. 16:30분쯤 되었을까, 약간의 희망이 보이기 시작했다. 파고가 3.1m 정도로 낮아진 것 같았다. 들쭉날쭉하던 파도가 점점 낮아지는 추세에 접어든 것 같다는 생각이 들며 주변 모두의 눈빛이 희망으로 반짝거리기 시작했다.

주변이 조금씩 소란스러워지기 시작했다. 왠지 이전과는 다른 분위기였다. 주변에서 웅성웅성 대는 소리가 들렸다. "이제 출발하는 거 아닌가요? 이번에는 출발하겠죠?"

16:55분경 안내 방송이 나왔다.

"우리 여객선은 17:00시에 울릉도로 출항할 예정이오니 승객 여러분께서는 차례차례 출구로 이동해 주시기 바랍니다."

얼마나 기다리던 안내 방송인가? 드디어 그토록 기다리던 울릉도로 떠나는 순간이다. 가슴 졸이며 기다리던 스트레스가 한 방에 날아가고 이제는 기대와 설렘으로 가득 차오르기 시작했다.

내가 배정받은 좌석은 2층 좌현 쪽 뒷부분에 위치한 곳이었다. 코로나로 인해 마스크를 쓰고 자리에 앉았다. 이윽고 여객선이 출항하기 시작했다. 우리를 태운 여객선은 얼마 후 영일만을 벗어나기 시작했다. 그런데 희망에 찬 울릉도까지의 여객선 여행이 그리 만만치만은 않았다. 해상의 파도가 생각보다 높았고 이리저리 흔들리는 여객선을 타고 있노라니 약간 멀미가 나는 듯했다. 그래서 마스크를 살짝 느슨하게 하고 숨을 크게 들이쉬며 억지로 잠을 청해보려고 노력하였다.

약 40kts로 빠르게 달리는 여객선이었지만 울릉도까지 가는 시간은 약 4시간 정도로 꽤 많은 시간이 소요되었다. 울릉도로 떠난다는 즐거움과 긴 기다림의 끝에 찾아오는 피로, 약간의 멀미, 그리고 마스크를 쓰고 있어 답답함 등을 견디며 저녁 21:00시경에 드디어 울릉도 도동항에 도착하였다. 여름이었지만 이미 해가 지고 어둑해진 밤이 되었다. 차례차례 질서를 유지하며 부두에 발을 내딛는 순간, 나는 실감하였다. 드디어 내가 그토록 기다리던 울릉도에 두 발을 내디뎠구나!

이런 생각을 하며 부두 주변을 돌아보니 밤이라 잘 보이지는 않았지만, 보이는 것도, 보이지 않는 것도 모두가 아름답게만 느껴졌다. 가까이하기엔 너무 먼 울릉도, 그 긴 세월을 거쳐 드디어 함께하는 순간이 다가온 것이다. 하지만, 울릉도에 오래 머무를 수는 없었고, 아쉬움을 뒤로한 채 다음 날 정오경 다시 육지로 이동하였다.

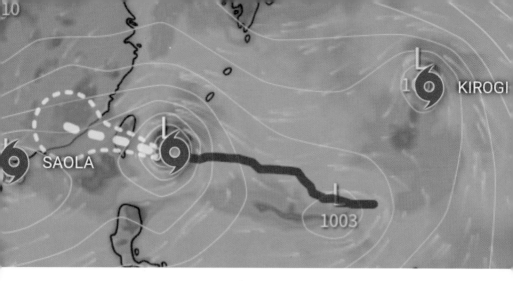

| 2023년 9월 2일 18:00 태풍현황
출처: www.windy.com

· · · ·

그 후로 3년 뒤…

2023년 9월 초, 나에게 다시 울릉도에 갈 수 있는 기회가 찾아왔다. 울릉도·독도 해양연구기지에서 개최되는 워크숍에 참가하기 위해서였다. 이번에는 계획대로 잘 입도할 수 있을까?

날짜가 다가오자 해상 날씨가 어떤지 계속 궁금해졌다. 9월 6일 입도 예정인데, 2일날 해상에는 태풍이 무려 3개나(9호 사올라, 11호 하이쿠이, 12호 기러기) 발생하여 이동하고 있었다.

그래도 2023년에 970명 승선이 가능한 3,000톤급 울릉도행 여객선(엘도라도 익스프레스)이 취항하여 다소 높은 파고에도 운항이 가능하다는 것에 안도의 마음이 들었다. 제발 이번에는 이상 없이 울릉도에 갈 수 있었으면 좋겠다고 몇 번이고 빌었던 것 같다.

당일 출항 시간은 오전 10:20분이었다. 나는 하루 전날 포항으로 이동하여 1박을 하고 여유 있게 나서려던 참이었다. 그런데, 출항 전날에 해운사로부터 문자가 왔다. 기상이 불량하여 출항 시간을 07:00시로 조정하며, 06:20분까지 도착하여 발권을 받으라는 것이다.

예상보다 이른 출발이었지만, 그래도 출항을 한다는 것만으로도 다행이라는 생각이 들었다. 아침 일찍 터미널에 도착하여 예정대로 여객선에 몸을 실었다. 드디어 배가 출항하였다. 해상 상태는 좋지 않았다. 배가 이리저리 흔들리는 바람에 머리가 어질어질했지만, 그래도 큰 여객선이라 생각보다 견딜만하였다.

이번에는 본의 아니게 예정보다 이른 시간에 울릉도에 도착하게 되었다. 지금껏 느껴온 것이지만 울릉도 입도는 정말 하늘이 허락해야만 가능한 것이라는 생각이 든다. 그래서 이번 입도는 정말 행운이었다.

· · · ·

여유 있는 울릉도 여행은 난생처음이라 설레는 마음이 가득했다. 계획보다 훨씬 이른 시간에 도착한 관계로 급할 것 없이 한가롭게 짐을 풀고 잠시 휴식을 취한 뒤 첫 번째 방문지로 향했다.

울릉도에는 송곳처럼 뾰족 솟은 산봉우리가 있는데, '송곳봉'이라 불리는 곳이다. 그 앞에는 고릴라 인형이 크게 자리하고 있었는데, '울릉도 고릴라'라 하여 이름을 울라(ULLA)라고 붙였다고 한다. 울릉도에 고릴라? 왠지 어울리지 않는 것 같아 무슨 이유인지 물어보니 송곳봉이 고릴라처럼 생겨서 붙여진 이름이란다. 이야기를 듣고 자세히 살펴보니

| 울릉도 송곳봉과 고릴라(ULLA) 조형물

송곳봉이 고릴라의 머리 모양을 닮은 듯도 했다. 하지만, 나는 오히려 송곳봉 중턱에 있는 바위의 모양이 두 팔을 내려 정면을 바라보고 있는 고릴라의 모습처럼 보였다.

인근에는 '울라카페(Cafe ULLA)'가 있었는데, 바람이 다소 선선하게 부는 터라 자연스레 발걸음을 옮겨 따뜻한 커피 한 잔의 여유를 즐겼다.

특이하게 솟아오른 송곳봉, 고릴라를 닮은 바위, 산과 바다가 어우러진 멋진 풍경, 이러한 정취와 연계하여 지어진 울라카페. 정말 울릉도의 명소가 될 만큼 마케팅을 참 잘한 것 같다. 그래서인지 이곳을 찾는 관광객들도 꽤 많았다. 그런데 정작 주민들은 그리 반기지만은 않는 분위기라고 한다. 울릉도 하면 오징어와 호박엿이 떠올라야 하는데, 이러다가는 이들이 모두 잊히고 고릴라만 남게 되지 않을까 하는 우려와 함께 '울라'는 울릉도와 관련된 역사와 전통이 없이 만들어진 존재이기 때문이란다.

| 울릉도 송곳봉 고릴라 바위

이 말을 듣고 보니, 요즘에는 특히나 오징어가 많이 잡히지 않아 걱정인 울릉도 주민들에게는 충분히 걱정거리가 될 수밖에 없겠다는 생각이 들었다.

그래서 울라가 울릉도와 함께 발전할 수 있도록 전설적인 이야기를 만들어 보면 어떨까 생각해 보았다.

## 울라 바위의 전설

오래전 '울라'라는 이름을 가진 고릴라가 아프리카에 살고 있었다. 십여 마리의 무리 속에서 태어난 작고 귀여운 울라는 강한 호기심과 모험심을 타고났다. 이런 울라가 자라면서 자주 무리를 이탈하여 먼 곳까지 다녀오는 일들이 잦아지자 엄마와 아빠는 근심이 커졌고, 나이 많은 우두머리 고릴라에게 혼나는 일도 늘어났다. 하지만 울라는 틀에 박힌 무리 생활이 지겨워졌다.

자신의 성향을 몰라주는 부모와 무리들에게 상처를 받은 울라는 어느 날 밤 또다시 무리를 떠나 정처 없이 걷기 시작했다. 어디로 걷고 있는지도 모른 채 하염없이 걷던 울라는 동이 트자 눈앞에 펼쳐진 난생처음 보는 광경에 두 눈이 휘둥그레졌다. 깊은 산 속에서만 갇혀 살아온 탓에 숲이 전부인 줄만 알았는데, 저토록 넓고 푸른 바다는 처음 보았기 때문이다. 울라는 가슴이 뻥 뚫리고 마음이 평온해지는 것을 느꼈다. 그 뒤로도 울라는 몰래몰래 이곳 해안을 자주 찾았다. 그리고 조금씩 수영도 배웠다.

한번은 이런 모험담을 주변 친구들에게 이야기해 주었지만 모두 너무 위험하다며 다시는 가지 말라는 말밖에 돌아오지 않았다. 아무도 새로운 세상에 대해서는 관심이 없었고 오히려 울라를 이상한 고릴라로 생각하기만 하였던 것이다. 그래서 울라는 점점 지쳐갔다. 더 넓고 신비로운 세상으로 나가고 싶다는 생각이 샘솟는데, 아무리 떨쳐버리려 해도 좀처럼 떨칠 수가 없었다.

울라는 며칠을 시름시름 앓기 시작했다. 그러자 안타깝게 지켜보던 아빠 고릴라가 다가와 울라에게 말했다. "울라야, 네가 진정으로 하고 싶은 일이 있으면 그렇게 하거라. 아빠와 엄마는 언제나 널 응원할 거야." 맨날 위험하다며 만류만 하던 아빠에게 그런 말을 듣자 울라는 눈물이 왈칵 쏟아졌다. 그러면서 말했다. "아빠, 저는 더 넓은 세상으로 나아가고 싶어요. 이곳의 무리 생활에서는 저의 모험심을 마음껏 펼치기가 어려워요. 그래서 너무 힘들었어요." 아빠 고릴라가 말했다. "그래, 아들아 나도 이제는 너를 이해해야만 할 것 같구나. 이제 너도 충분히 자랐으니 네가 원하는 세상으로 나가보렴. 네가 떠나면 아빠 엄마가 힘들겠지만, 그래도 네가 어느 곳에서든 행복하게 사는 모습을 생각하며 다시 만날 날을 기다리고 있으마." 울라는 아빠 고릴라를 힘껏 껴안으며 말했다. "걱정 마세요. 저도 이제는 덩치가 아빠보다 훨씬 커졌잖아요. 건강하게 잘 생활할게요. 그리고 언젠가 다시 돌아올게요." 울라는 뒤에서 말없이 흐느끼고 있는 엄마 고릴라를 안아준 뒤 곧장 길을 떠났다.

울라는 아프리카를 벗어나 중동을 거쳐 아시아 대륙까지 오게 되었다. 오는 길은 무지 힘들었다. 하지만 모험심이 강한 울라에게는 그조차도 기쁨으로 다가왔다.

그러던 어느 날 울라는 한반도 동해안에 이르게 되었다. 울라는 더 넓은 바다로 나가고 싶다는 생각이 들었다. 동해 바다를 유심히 살펴보니 돌고래와 물고기떼들이 흐르는 물살에 몸을 싣고 동쪽으로 동쪽으로 유영하며 멀어지는 모습을 볼 수 있었다. 울라는 직감했다. 저 물에 몸을 실으면 더 먼 바다로 나갈 수 있겠구나. 틈틈이 수영 실력을 길러온 울라는 몸을 의지할 수 있는 통나무 뗏목을 타고 바다로 뛰어들었다.

울라가 본 것이 사실이었다. 뗏목은 해류를 타고 이내 연안에서 멀어지기 시작하더니 때마침 불어오는 서풍을 타고 동쪽으로 계속 밀려가기 시작했다. 난생처음 느껴보는 신비한 경험에 울라는 너무도 신이 났다. 그렇게 며칠이 지났을까? 너무 만용을 부린 탓인지 울라는 지쳐갔고 한 모금 마실 물도 없어 몸을 가눌 수 없을 정도로 탈진하여 눈만 겨우 뜰 수 있었다. 무거운 눈꺼풀을 겨우 밀어 올려 앞을 바라보자 하늘이 도왔는지 눈앞에 거대한 육지가 나타났다. 동쪽으로 흐르던 해류는 둥근 원을 그리며 어느 커다란 섬에 닿게 해준 것이었다.

울라는 목이 탔고, 배가 고팠다. 그러던 차에 도착한 섬이 바로 울릉도였다. 울릉도에 내리자 울라는 힘이 솟고 너무 신이 났다. 이곳에는 물도 풍부하고 주식인 산나물과 버섯 등이 지천에 널려 있었다. 여기서는 먹이를 얻기 위해 힘들게 싸울 필요도 없었고, 언제나 넓고 푸른 바다를 볼 수 있었으며, 마음껏 수영을 즐겨도 혼내는 고릴라도 없었다. 더구나 울라는 해산물을 먹는 것에도 점점 익숙해져 갔는데, 난생처음 맛보는 울릉도 오징어가 단연 일품이었다. 그렇게 울라는 한없이 즐거운 시간을 보냈다.

세월이 흘러 흘러 울라도 이제 점점 나이가 들기 시작했고 몸이 예전 같지가 않았다. 언젠가 부모를 만나러 다시 돌아가겠다고 약속했는데, 지금 같은 몸으로는 거센 풍랑이 몰아치는 바다를 다시 건너갈 자신이 없었다. 약속을 지키지 못한 울라는 시름이 깊어졌다. 매일 높은 산봉우리인 송곳봉에 올라 엄마, 아빠 고릴라가 있는 곳을 바라보며 한숨을 쉴 뿐이었다. 그렇게 울라는 늙어갔고, 외로움과 그리움을 안은 채 오늘도 송곳봉에 오르다가 결국 바위로 굳어지게 되었다.

이처럼 약간 재미있는 이야기를 섞어 울라를 상품화하면 어떨까? 언

젠가 울라를 설명하는 표지판 옆에 울라에 대한 설화가 적힌 간판이 들어서는 날이 오면 좋겠다는 상상을 해보았다.

· · · · ·

울릉도는 화산섬이라는 것을 자랑하듯 주상절리와 화산석을 곳곳에서 확인할 수 있다. 울릉도 전체가 육지에서는 잘 볼 수 없는 특이한 모습들을 하고 있어 보는 것마다 신기하고, 모든 것이 소중한 자연유산이다.

울릉도 전반에 대한 내용이 궁금하여 울릉도·독도 해양연구기지 내에 있는 울릉도 해양보호구역 방문자센터를 방문하였다. 위의 그림은 방문자센터 전시관에서 촬영한 것인데, 울릉도 코끼리 바위와 해마, 송곳봉, 그리고 신비한 생물들이 어우러진 모습 전체를 잘 담고 있다. 마치 울릉도를 한눈에 보는 듯하다. 울릉도 전반을 잘 이해할 수 있도록 알차게 구성되어 있고 해설도 들을 수 있으므로 꼭 한번 방문해 보기를 추천한다.

| 울릉도 노인봉

울릉도에는 독특한 바위들이 많이 있는데, 방문자센터와 그리 멀지 않은 곳에 위치한 현포항에는 '노인봉'이라는 지질명소가 있다. 노인봉 은 마그마의 통로인 화도가 굳어서 형성된 바위이며, 높이는 약 200m에 달한다. 암석표면의 절리들이 노인의 주름살처럼 보인다고 하여 노인봉 이란 이름이 붙여졌다고 한다. 가까이서 보면 수평에 가까운 수많은 주 상절리들이 잘 발달해 있다고 한다.

· · · ·

여행에서 빼놓을 수 없는 것이 바로 그 지역의 특산물을 맛보는 일이 다. 울릉도에는 귀한 음식들이 많이 있지만, 이번에 꼭 한번 맛보고 싶 은 것은 바로 '독도새우'였다. 동해 바다 전반에 같은 종이 서식하고 있 지만 수온 차이로 인해 독도 인근에서 잡히는 새우가 훨씬 육질이 좋고, 맛이 있다고 한다.

| 독도새우: 꽃새우와 닭새우

　현지인의 도움으로 선장님이 직접 독도새우를 잡아 와서 판매하는 식당을 알게 되었다. 식당 앞 수족관에는 여러 새우가 자유롭게 헤엄치고 있었는데, 잠시 구경을 하다 허기진 배가 재촉하여 급히 식당 안으로 발걸음을 옮겼다.

　메인 요리인 새우의 종류는 두 가지였는데, 그건 바로 '꽃새우'와 '닭새우'였다. 꽃새우는 정말 꽃처럼 알록달록하고, 닭새우는 닭처럼 머리에 벼슬이 달린 것 같은 신기한 모습을 하고 있었다. 이런 모양의 새우는 난생처음 보는 것이라 여간 신기하지 않을 수 없었다.

　과연 그 맛은 어떨까?

　일반 새우와 다른 맛일까? 아니면 비슷할까? 닭새우와 꽃새우의 맛은 어떻게 다를까? 등등 음식을 준비하는 중에 자연스레 떠오르는 궁금증들.

　나는 닭새우와 꽃새우를 차례로 하나씩 맛보았다.

| 꽃새우와 닭새우 회

 

닭새우는 탱글탱글하고, 꽃새우는 좀 더 쫀득쫀득한 식감이 났다. 육지에서 먹던 여느 새우와는 전혀 다른 맛이어서 놀랐다. 그런데, 약간 우려되는 것이 있었다. 사진에서 보이는 양이 4인분인데, 생각보다 양이 많지 않아 부족한 듯 보였기 때문이다.

그래도 독도새우를 현지에서 맛볼 수 있는 것만 해도 얼마나 행운인가? 하는 생각에 하나씩 하나씩 번갈아가며 천천히 맛을 음미하였다.

신기한 식감을 즐기다 보니 어느새 꽃새우와 닭새우가 거의 자취를 감추기 시작했다. 그때쯤, 우리의 마음을 이미 헤아리고 있었다는 듯이 새우 머리 튀김이 한 접시 가득 나왔다.

접시에 가득 담긴 머리 튀김은 꽤 푸짐했고 그 맛 또한 매우 고소하였다. 그리고 여기에 더해, 마지막으로 새우와 게가 들어간 매운탕이 나왔다. 신선한 새우회와 머리 튀김을 먹고 나서 매운탕에 라면 사리를 넣어

| 독도새우 머리 튀김

보글보글 끓여 먹었는데, 해산물이 들어간 탓인지 탕의 국물은 매우 시
원했고, 그에 곁들여진 라면의 맛도 일품이었다. 혹시 부족하면 어쩌지?
하는 생각이 있었는데, 라면까지 먹고 나니 그런 고민은 전혀 쓸데없는
기우였음을 알게 되었다.

하지만, 독도새우를 맛보려면 가격이 만만치 않으므로 미리 확인해보
고 계획을 세우는 게 좋다. 현지에서 먹는 음식이라 저렴할 것이라고 착
각하면 오산이다. 나도 메뉴판에 나와 있는 가격을 보고는 사실 깜짝 놀
랐었다.

첫날의 일정은 이렇게 거한 만찬과 함께 마무리를 하고 휴식을 취하였다.

· · · ·

다음 날도 다행히 날씨가 아주 화창하였다. 이전에 오지 못했던 설움
을 한 번에 보상해주듯 이번 울릉도 여행은 날씨도 도와주었다. 그래서

| 울릉도 인근의 섬, 죽도

이번에는 좀 더 전망이 좋은 곳에 가 보기로 하였다.

울릉도에서 날씨가 아주 좋으면 멀리 독도가 눈으로 보인다고 한다. 물론 그런 날씨는 흔하지 않다.

그래도 혹시나 하는 기대감을 안고 독도의용수비대 기념관 인근에 울릉도 인근의 작은 섬 '죽도'를 내려다볼 수 있는 좋은 장소가 있다고 하여 이곳을 찾았다.

죽도에는 한 가족이 사는데, 지하수도 나오지 않는 곳이라 한다. 지금은 아내와 아이는 육지로 떠나고 남편 홀로 섬을 지키고 있는데, 더덕을 키워 생계를 유지한다고 들었다.

이런 이야기를 들으며 어느덧 전망대에 다다랐다. 전망대 난간에서 죽도를 바라보는데, 죽도의 오른쪽 끝단 멀리에 독도의 봉우리가 아주 희미하게 보이는 듯했다. 이윽고 일행 중 한 명이 큰 소리로 외쳤다. "독도가 보인다!" 나는 눈을 씻고 다시 한번 자세히 보았다. 조금만 초점을 돌려도 보이지 않을 만큼 흐릿하긴 했지만 분명 독도가 맞았다. 맨눈으로 독도를 볼 수 있다니 여간 행운이 아니었다. 쉽게 볼 수 없는 장면인지라 독도를 카메라에 담아보려고 아무리 확대를 해보아도 사진에 담기에는 무리였다.

하늘보다 더 파란 바다, 하얀 구름, 그리고 가까이에서 바라보는 죽도는 너무도 아름다웠다. 더구나 희미하게 보이는 우리나라 최동단의 영토 '독도'를 볼 수 있다는 게 행복했다.

울릉도에는 볼거리와 아름다운 자연환경이 즐비하다. 나리분지에 올라가면 온도가 떨어져 서늘함을 느낄 수 있고, 울릉도에서 재배하는 신선한 나물들이 어우러진 산채 비빔밥도 맛볼 수 있다. 그 외에도 코끼리바위와 딴 바위 등 많은 볼거리가 있었지만, 2박 3일간의 여정으로 모든 곳을 둘러보기에는 시간이 부족했다. 어쩌면 다음 기회에 돌아볼 수 있는 장소를 남겨 두었기에 다시 찾을 날을 또 기약할 수 있어 행복하다는 생각이 들기도 한다.

이번 울릉도 방문은 정말 운이 좋았고, 하늘이 도왔다고 생각한다. 계획보다 이른 시간에 도착하여 머무는 시간이 더 많아졌고 날씨가 쾌청하여 멀리 독도까지 눈으로 바라볼 수 있었으니 말이다. 울릉도 입도 전에 무려 3개의 태풍이 한꺼번에 발생하여 이번에도 제때 못 들어갈까 걱정했었는데, 참으로 다행이었다.

다음 울릉도 방문 때에도 태풍이 비껴가는 행운이 이어지길 기도해본다.

# 태풍의 발생 원리와
# 우측 반원이 더 위험한 이유

열대저기압(Tropical Cyclone)은 발생 지역마다 다른 이름으로 불리는데, 북서 태평양에서는 태풍(Typhoon), 북·중 아메리카에서는 허리케인(Hurricane), 인도양과 남반구에서는 사이클론(Cyclone)이다. 열대저기압은 온대저기압과는 다르게 그 중심부에 눈을 갖고 있는 것이 특징이다. 열대저기압은 많은 양의 수증기가 응결하면서 방출되는 잠열을 통해 에너지를 얻고 성장한다. 태풍이 만들어지려면 해수면 온도가 26℃ 이상

| 태풍이 주로 발생하는 위치

이어야 한다. 왜냐면 이때 증발을 통해 대기에 많은 양의 수증기를 공급할 수 있기 때문이다.

태풍은 북반구에서의 발생 빈도가 72%로 가장 높으며 그중에서도 북서 태평양이 38%를 차지하고 있다. 적도와 인접한 5° 이하의 저위도에서는 해수면 온도가 높더라도 전향력의 영향이 적어(적도에서의 코리올리 효과는 없다) 회전력이 발생되기 어려우므로 태풍으로 발달하는 경우는 극히 드물다. 또한, 북위 25° 이상에서는 해수면 온도가 낮아지고, 상공에 편서풍이 강하게 불기 때문에 태풍 발생 빈도가 낮다.

## 가. 태풍의 가항반원과 위험반원

한번쯤 태풍의 가항반원과 위험반원에 대해 이야기를 들어본 적이 있을 것이다. 말 그대로 태풍의 위험반원에 위치한 지역이 더 위험할 수 있다는 의미인데, 그 이유에 대해 알아보도록 하자.

| 태풍의 가항반원과 위험반원

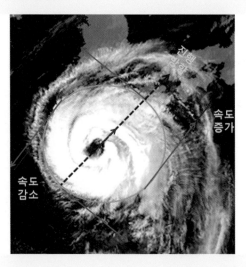

앞의 그림에서처럼 태풍의 진행 방향이 북동쪽이라고 가정하자. 태풍은 북반구에서 반시계 방향으로 회전하기 때문에 태풍의 눈을 기준으로 태풍 외곽의 4개 지점에서의 회전 속도를 분홍색 화살표와 같이 나타낼 수 있을 것이다. 이를 고려하면 태풍 진행 방향의 우측 지점에서는 태풍의 진행 속도에 회전 속도가 더해져 풍속이 상대적으로 더 크게 나타난다. 반면, 태풍 진행 방향의 좌측 지점에서는 태풍의 진행 방향과 회전 방향이 정 반대가 되므로 풍속이 상대적으로 더 작아지게 된다. 이러한 원리로 인해 태풍의 풍속이 더 빠르게 나타나는 우측 반원을 위험 반원, 그 반대쪽을 가항반원이라 한다.

따라서, 태풍의 진행 방향을 고려 시 상대적으로 바람이 더 강하게 부는 우측 반원에 위치하게 되면 훨씬 더 위험하다.

한반도에 내습하는 태풍은 대부분 육지로 상륙한 뒤 동해로 빠져나가 소멸하게 된다. 그런데 육지에 상륙하여 그 세력이 훨씬 약해졌다 하더라도 여전히 강한 바람이 한동안 울릉도에 영향을 미치게 되는 경우가 많다. 지난 2020년 8월 태풍 '장미'가 경남 남해안 부근에 이르자 소멸하였음에도 울릉도로 가는 여객선 운항이 한동안 통제될 정도였으니, 동해상으로 빠져나가는 태풍은 얼마나 큰 영향을 미칠지 가늠해볼 수 있을 것이다.

특히 2020년 9월 태풍 '마이삭'의 영향으로 무게 50톤에 달하는 테트라포드가 울릉도 남양터널 안으로 이동한 사진이 화제가 되기도 하였다. 정말 태풍의 힘은 엄청나다는 것을 실감할 수 있는 사례이다.

## 나. 태풍의 진로 좌·우측에서의 바람 회전 방향

아래 그림처럼 태풍이 북동쪽으로(지면 위: 북쪽) 이동한다고 가정하고, 울릉도가 이 태풍의 우측에 있을 경우와 좌측에 있을 경우, 시간이 경과함에 따라 바람 방향이 어떻게 달라지는지 살펴보자.

북반구에서 바람은 저기압인 태풍의 중심 방향으로 바람이 불어 들어간다. 따라서, 태풍의 우측에 울릉도가 위치할 경우에는 시간이 경과함에 따라 바람이 점점 시계방향으로 회전하게 되고, 좌측에 위치할 경우에는 시간이 지남에 따라 점점 반시계 방향으로 회전하게 된다.

| 태풍의 우측과 좌측에서의 바람 회전 방향

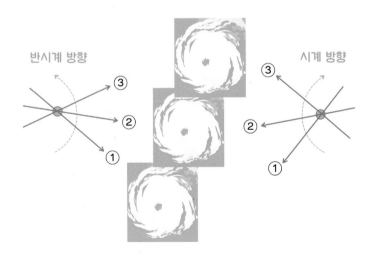

# 10

서핑객이 자주 찾는

## 강원도 양양 설악해변

살다가 가끔 중요한 결정의 기로에 서거나 마음이 흔들릴 때가 오면
나는 '내 인생의 책갈피'와 같은 이 페이지를 다시 펼쳐보려 한다.

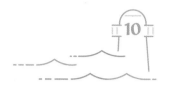

예전부터 강원도 하면 떠오르는 것은 아름다운 바다와 해수욕장이었다. 그런데 언제부터인가 커피도 유명해졌다. 전 세계의 질 좋은 원두를 직접 로스팅하는 커피 공장 "테라로사"가 강원도 강릉에 있는데, 이 공장의 유명세 때문일까?

오늘의 목적지로 떠나기 전 강릉에 먼저 들러보기로 했다.

나는 카페를 그리 자주 찾는 편은 아니다. 커피 한 잔을 들고 산책하는 것을 더 좋아하기 때문이다. 하지만 이곳 강릉은 소나무 숲과 바다를 함께 볼 수 있는 이색적인 곳이라 해안가에 있는 카페에 들러 커피 한 잔의 여유를 즐겨보고 싶은 생각이 든다.

강원도 해안의 푸른 바다와 넓은 백사장, 그리고 모래 해안가에 심겨 있는 소나무, 이들이 어우러져 자아내는 이색적인 풍경을 바라보며 한

| 강원도 낙산사와 인근 해수욕장

번쯤 카페에 들러 커피 한 잔의 여유를 즐겨보는 것은 추천할 만하다.

· · · ·

 커피 한 잔의 여유와 멋진 풍경을 즐긴 뒤 오늘도 본격적인 목적 여행을 떠나보기로 했다. 부서지는 파도의 형태에 따라 서핑을 즐기는 방법과 서퍼의 수준도 달라지는데 우리나라에도 서핑객이 자주 찾는 곳이 있다. 그곳은 바로 강원도 양양인데, 이 지역에 있는 여러 해변 중에서도 이번에는 설악해변으로 가 보기로 했다. 설악해변을 택한 이유는 인근에 낙산사가 있어 겸사겸사 여기도 꼭 한번 들러보고 싶다는 생각이 있어서다.

 내가 요즘 바다 여행을 떠나며 특별히 느낀 것이 있다. 그건 바로 목적 여행의 의미와 즐거움이다. 어디에서 무엇을 볼 것인지, 또 왜 보는지, 그리고 어떤 사진을 담고 무엇을 느껴볼 것인지 등의 계획과 목적이 있을 때 그 여행지를 보는 시각과 느끼는 감정이 확연히 달라진다는 사실이다. 이에 더해 자신이 보고자 하는 여행지의 설화나 역사 같은 것을 좀 더 알고 간다면 보는 눈은 더 달라진다. 이런 사실을 알게 된 것도 이번 바다 여행에서 얻은 큰 소득 중에 하나라 생각된다.

낙산사에 가 보고 싶은 이유도 그가 가진 깊은 역사와 숨겨진 이야기가 숨 쉬고 있기 때문이다. 낙산사는 관동팔경 중의 하나로 경치가 매우 아름답다. 671년 신라 문무왕 때 지어진 사찰이지만 6.25 전쟁으로 소실되어 다시 지어졌고, 2005년에는 대규모의 산불로 안타깝게도 많은 전각이 소실되어 다시 복구되기도 하였다. 마치 우리네 인생사와 같이 굴곡지고 우여곡절도 많은 곳이다.

우리나라 3대 관음성지는 양양 낙산사, 강화 보문사, 남해 보리암인데, 관음성지란 '관세음보살이 상주하는 성스러운 곳'이란 뜻으로, 이곳에서 기도발원을 하면 그 어느 곳보다 관세음보살의 가피를 잘 받을 수 있다고 한다.

'관세음보살의 가피', '가피'란 부처나 보살이 자비를 베풀어 중생에게 힘을 준다는 의미라고 하는데, 솔직히 나는 충실한 불자가 아닌지라 이런 건 잘 모르겠지만, 우리나라 3대 관음성지로 꼽혔다는 것은 그 나름의 의미가 있을 것이므로 그중 하나인 낙산사에 들러보는 것 자체만으로도 충분한 가치가 있지 않을까 생각된다.

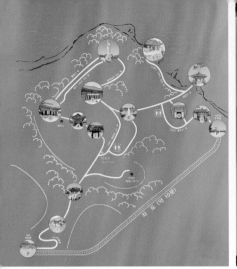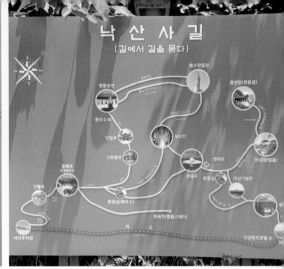

| 낙산사 길 안내 표지판

 

 

 

　낙산주차장에서 소나무 숲길을 따라 언덕으로 올라가면 홍예문이라
는 입구가 나온다. 주변의 경관을 보며 조금 걷다 보면 첫 번째 안내 표
지판이 나오는데, 나는 제일 먼저 홍련암의 위치를 찾았다. 홍련암은 바
다 위 절벽에 위치하고 있고 신비한 설화가 있는 곳이므로 오래전부터
꼭 한번 가 보고 싶은 장소였다. 홍련암으로 가는 길에는 관음지라는 곳
이 있다. 관음지는 돌아오는 길에 다시 볼 수 있으므로 우선 홍련암 가
는 길로 급히 발걸음을 옮겼다.

| 낙산사 홍련암 전경

 

 

홍련암은 낙산사 북동쪽 바닷가에 자리한 낙산사 부속 암자로 신라 문무왕 11년(671년)에 의상대사가 낙산사와 함께 지은 건물이다. 이에 담긴 설화는 다음과 같다.

· · · ·

의상대사가 해안 석굴 속으로 들어간 후 자취를 감춘 파랑새를 보고 이를 이상하게 여겨 석굴 앞 바위에서 7일 밤낮으로 기도하다가 붉은 연꽃(홍련) 속에서 나타난 관세음보살을 보고 그곳에 세운 암자라고 한 다. 조선 숙종 9년(1683년)에는 홍련암의 불상을 개금(금칠)을 할 때 단 집에서 사리 1과가 내려왔으며, 1930년 2월 25일에는 경봉 스님이 이곳 에서 관음 기도를 시작한 지 13일째 되던 날 바다 위를 걸어 오는 관세 음보살을 보았다고 한다. 홍련암은 파랑새가 들어갔다는 석굴 위에 지 어졌으며, 법당 마루 가운데 작은 창을 통해 바다를 내려다보면 석굴과 파도를 볼 수 있다. 건물은 앞면 3칸, 옆면 2칸 규모이며 팔작지붕이다. 홍련암은 절벽 위에 세워져 빼어난 경치를 자랑하는 곳으로 예로부터 의상대와 함께 관동팔경의 하나로 알려졌다.

· · · ·

나는 개인적으로 이런 설화가 있는 곳을 좋아한다. 마치 동화를 읽을 때처럼 왠지 영험하고 신비로운 느낌이 들기 때문이다. 의상대에서 홍련암을 바라보며 점점 그곳으로 다가갔다. 이곳의 경치는 정말 말로 표현하기가 어려울 정도인데, 아름답다기보다 경이롭다고 해야 좀 더 옳은 표현이지 않을까 싶다.

홍련암으로 가는 길에 맑은 샘물을 마실 수 있는 홍련암 감로수가 있다. 무더운 날씨라 목이 타던 터에 이런 곳이 있어 감사할 따름이다. 이 감로수에 담긴 설화도 꽤 흥미로웠다.

| 홍련암 감로수

 삼국유사에 보면 신라의 원효대사가 낙산사를 참배하기 위해 오다가 보니 흰옷 입은 여인이 논에서 벼를 베고 있었는데, 대사가 그 벼를 달라고 하자 여인은 벼가 익지 않았다고 대답했다. 대사가 다시 길을 가다가 이번에는 속옷을 빨고 있는 한 여인을 만나 물을 청했는데 여인은 빨래를 빨던 더러운 물을 떠 주었다. 원효가 그 물을 버리자 이때 소나무 위에서 파랑새 한 마리가 "스님은 가지 마십시오"라고 말하고는 숨어 버

렸다. 원효가 돌아보니 그 여인은 없어지고 짚신 한 짝이 남아 있었는데 절에 와서 보니 나머지 짚신 한 짝이 관음상 앞에 있었다. 비로소 원효는 앞에서 만났던 그 여인이 관음의 전신임을 깨달았다 한다.

이와 같은 기록을 보고 우물을 오봉산 정상 너머에서 찾아내어 이 자리와 원통보전 앞에 흘러 넘치게 하였다.

이 설화에서 원효대사는 의상대사처럼 관음보살을 친견하고자 낙산사를 찾았다고 한다. 그러나 두 번이나 관음의 전신인 여인의 시험에 통과하지 못하였고, 자신의 수행이 부족함을 깨달은 원효는 결국 되돌아간 것이다.

원효대사의 깨달음을 떠올리며 감로수 한 잔을 마셨다. 관음상 뒤편에 수국이 활짝 피어 있어 그런지 감로수가 더 달게 느껴졌다.

발길을 조금 더 옮겨 홍련암에 도착하였다. 많은 사람들이 차례로 홍련암 안에서 합장을 하고 기도를 올린다. 나도 홍련암 안으로 들어가 보았다. 내부에는 바다 방향으로 나 있는 창이 있었는데, 창 너머로 넓은 동해 바다가 그림처럼 펼쳐져 있는 모습이 감동적이다. 홍련암 바깥쪽 기둥 옆에 서서 가만히 들어보면 석굴 안으로 몰아치는 파도 소리가 우렁차게 들렸는데, 옛 설화가 함께 떠올라서인지 더욱 신비롭게 느껴졌다. 나도 모르게 부처님의 가피를 빌어보기도 했다.

홍련암을 직접 보며 느낀 좋은 기운과 함께 이번에는 의상대로 향했다. 의상대는 낙산사를 창건한 의상대사를 기념하기 위한 정자로, 만해 한용운이 쓴 건봉사급건봉사말사사적에 의하면 1925년에 지었다고 한다. 이곳은 의상대사가 낙산사를 지을 당시 머무르면서 참선하였던 곳

으로 옛날부터 의상대라고 불렀다고 한다. 이 정자는 낙산사에서 홍련
암 관음굴로 가는 길 해안 언덕에 있어 좋은 전망대 역할을 하고 있다.
평면은 육각이고, 크기는 작은 편이다. 의상대와 홍련암 일대는 동해 해
돋이 명소로 유명하며 의상대사와 관련한 많은 전설이 전해진다.

· · · ·

6월 말이지만 기온이 30도를 넘는 더운 날씨라 의상대에서 잠시 쉬어
가기로 했다. 의상대에 앉아 있으면 사방에서 불어오는 바람이 아주 시
원하고 탁 트인 바다와 아름드리 소나무, 그리고 멀리 홍련암도 보여 그
정취가 아주 좋다. 많은 사람들이 너나 할 것 없이 사진을 찍으며 즐거
워하는 모습도 정겹다. 한참을 쉬고 나서 다시 발걸음을 옮겨본다. 이제
는 보타전으로 가려는 참이다. 보타전에 가려면 관음지를 다시 거쳐 가
야 하는데, 관음지를 돌아 올라가다 보니 무료 차 나눔을 한단다. 누각 2
층으로 올라가니 따뜻한 정혈차와 자판기 커피를 무료로 마실 수 있도
록 준비되어 있었다. 이 무더운 날씨에 더운 음료를 마시는 게 이상할
것 같았지만 따뜻한 정혈차를 마시다 보니 오히려 무더위로 지끈지끈하
던 머리가 맑아지는 듯했다. 이열치열이라는 말이 그래서 있는 것인가?
아무튼 신기했다. 그래서 한 잔을 더 마시며 바닷바람을 쐬다가 보타전
으로 향했다. 보타전에 가 보고 싶었던 이유는 이곳에 팔이 여럿 달린
불상이 있다는 이야기를 들어서다.

보타전 내부에는 7관음, 32응신, 1,500관음상이 있다고 하는데, 실제

| 보타전 불상

로 보니 팔만 여럿 있는 것이 아니라 얼굴도 여럿 있는 참으로 보기 드문 형상이었다. 어떠한 의미인지는 알 수 없으나 신비감을 주기에 충분했다. 이렇게 화려한 형상은 여느 사찰에서는 볼 수 없는 모습이라 직접 보지 않았다면 후회할 뻔했다.

보타전 우측으로 난 언덕길을 올라가면 해수관음상이 나타난다. 해수관음상은 여러 번 보아왔지만, 볼 때마다 바다를 바라보며 서 있는 저 웅장한 모습에 압도되는 기분이며 뭔가 영험한 기운이 느껴지기도 한다. 해수관음상 주변에서 바다를 바라보며 사진을 찍으면 멀리 보이는 수평선과 하얀 백사장, 짙푸른 숲과 산맥이 함께 카메라 앵글에 들어온다. 해수관음상은 마치 동해를 지키는 수호신 같다.

해수관음상 옆에는 특이한 이름이 붙여진 사잇길이 있다. 바로 "꿈이 이루어지는 길"인데, 나무숲 사이로 길이 나 있어 그늘을 따라 여유롭게

| 해수관음상과 그 인근에서 바라본 동해 바다

걷다 보니 나도 모르게 사색에 잠겼다.

. . . .

언제였던가 나는 우연히 화마로 소실된 낙산사를 복원한 주지이신 금곡 스님의 인터뷰를 서면으로 접한 적이 있다. 그때 금곡 스님의 말씀이 어찌나 감동적이었는지 나는 그 말을 가슴에 새겨보고자 수첩에 적어두었었다. 아직도 기억이 생생한 그때의 감정을 느껴보고자 수첩을 다시 꺼내 들었다.

"잃어버린 꿈속에 머물러 있기보다 향후 100년을 바라보며 낙산사를 복원하겠습니다."

2005년 천년고찰 낙산사가 화마로 소실되었을 때 당시 주지였던 금곡 스님이 하신 말씀이다. 주지로 부임한 지 불과 보름 만에 발생한 청천벽력과 같은 일이었음에도 스님은 실의에 빠져 있지 않았다.

'화재로 인해 낙산사가 소실된 것은 본인이 짊어져야 할 짐이라며 모든 책임을 먼저 자신에게 돌렸고, 허물과 책임을 논하기보다 낙산사의 복원을 기도하고 발원하겠다'고 강조하였다. 원망과 미움으로는 치유가 되지 않는다는 것을 스님은 알고 있었기 때문이다.

나도 오랜 기간 군 생활을 하며 적지 않은 경험을 해본 터라 리더가 짊어져야 할 무게가 어느 정도인지 잘 알고 있다. 때로는 자신의 잘못으로 발생된 일이 아님에도 책임을 져야 할 순간도 다가온다. 이때 당당히 자신이 모든 것을 책임지겠다고 나서는 리더가 과연 얼마나 될까?

그래서 금곡 스님의 말씀은 더욱 깊은 울림을 준다. 모든 책임을 자신이 지겠다는 것은 어쩌면 지금까지 쌓아온 모든 것들을 한순간에 내려놓겠다는 말과도 같기 때문이다.

금곡 스님에게는 훌륭한 스승도 계셨다. 그의 스승인 설악무산 스님은 금곡 스님에게 '낙산사는 지금까지 수차례 화마에 휩싸였지만 그때마다 다시 복원되었다며 걱정하지 말라'고 하셨다. 그러면서 다음과 같은 말씀도 덧붙였다.

"주지가 흔들리면 안 된다."
"나는 너를 믿는다."

일반인들과는 무릇 다른 경지에 오른 주지 스님에게도 '나는 너를 믿는다'는 스승의 이 한 마디가 가장 큰 힘이 되었다고 한다. 힘든 순간에 자신을 진정으로 믿어주는 누군가가 있다는 사실은 실로 엄청난 용기와 희망을 주는 것 같다.

그런 믿음 덕분이었을까? 금곡 스님은 현재의 불행보다는 미래의 희망을 이야기하였다. 이러한 생각은 낙산사의 복원 과정에서도 뚜렷이 나타났다. 스님은 시간이 걸리더라도 십시일반 정성으로 복원해야 그 후에 닥칠지 모를 화재도 굳건히 막을 수 있다고 믿었다. 그래서 낙산사가 어렵다며 도와달라는 말을 절대 하지 않았다고 한다.

그러고 보니 오늘 낙산사 입구에 들어설 때, 한 사람 한 사람의 기증자 이름이 걸린 소나무들이 무수히 늘어선 모습이 인상 깊게 느껴졌었다. '수많은 사람들의 정성이 하나둘씩 모여 낙산사가 이처럼 장대하게 다시 일어설 수 있었겠구나.' 하고 어렴풋이 생각만 하였지, 금곡 스님의 그토록 깊은 뜻이 숨겨져 있을 줄이야 미처 생각해보지 못했었다.

낙산사는 화재 후 2011년까지 입장료를 받지 않았고, 국수와 전통차는 지금도 무료로 제공 중이다. 무료 국수뿐만 아니라, 오늘 내가 마신 무료 커피자판기도 설치했다. 그런데 처음에는 쓰레기가 많이 쌓인다며 반대하는 사람들도 많았다고 한다. 하지만 스님은 낙산사에서 무료로 대접받으면 사람들의 마음이 자비로워진다고 믿었고, 따뜻하고 자비로운 마음이 곧 불교가 나아가는 데 기본이 된다고 생각하였다.

| 해수관음상 방향으로 연결된 꿈이 이루어지는 길 입구

무더위에 머리가 지끈거릴 정도로 지쳐갈 때쯤 무료로 나누어주는 따뜻한 정혈차가 나의 기운을 북돋아 줌은 물론, 마음의 안정과 여유까지 안겨주었다. 여기에 금곡 스님의 깊은 뜻이 스며 있다고 생각하니 더욱 새롭게 느껴졌다. 내가 이곳에 편히 머무를 수 있게 해준 낙산사와 이곳을 지키고 계신 스님들, 그리고 조용히 도움을 주고 계시는 많은 분들에게 감사한 마음이 들었다.

수많은 반대와 불확실성 속에서도 흔들리지 않고 정진하셨던 스님의 믿음, 어쩌면 그분의 영험한 예지력 덕분이었을까?

금곡 스님은 결국 옳았고, 그의 꿈은 이루어졌다.

· · · ·

돌아보면, 어렸을 땐 직업을 꿈이라 생각했고, 직업을 얻고 나서는 승진을 꿈이라 생각했다. 그러다 문득 느끼게 된 사실. 꿈이란 가슴이 뛰어야 하는 것인데, 조금 더 높은 곳에 도달하는 것에만 목매다 보니 어느새... 나의 심장은 더 이상 요동치지 않고 있었다. 한참을 달려와 돌아보니 이전의 순수했던 나보다 행복은 훨씬 더 멀어져 있었던 것이다.

도대체 나는 무엇을 위해 그토록 열심히 달려왔을까?

내게 맞지 않는 옷을 입고 억지로 그 옷에 나 자신을 맞추려 노력했던 우스꽝스럽고 어색한 시간들... 이 길을 걸으며 비로소 깨닫게 되었네.

어쩌면, 지금 이 순간만이라도 잠시 멈춰 나를 뒤돌아볼 수 있었으니 참 다행이다.

이런 생각에 이르고 보니 내가 걸은 이 길은 정말 '꿈이 이루어지는 길'이라 할 수 있겠구나.

살다가 가끔 중요한 결정의 기로에 서거나 마음이 흔들릴 때가 오면 나는 '내 인생의 책갈피'와 같은 이 페이지를 다시 펼쳐보려 한다. 금곡 스님의 깊은 뜻이 다시금 나에게 등불이 되어줄 것이다.

· · · · ·

낙산사를 거닐다 보면 정말 규모가 엄청남을 알 수 있다. 차근차근 쉬엄쉬엄 보려면 반나절은 족히 잡아야 할 것 같다. 원통전을 나서니 다시 무료 차 나눔을 하는 누각이 보였다. 더위에 잠시 쉬어 가려고 다시 누각 2층에 올라 따뜻한 정혈차를 음미했다. 이곳은 멀리 산이 보이고 산바람이 불어와 시원하게 느껴지는 듯하다.

이번에는 커피도 한 잔 더 마셨다. 다시금 차 한 잔의 여유를 즐기고 나니 이제는 내게 맞는 옷이 어떤 것인지 알아차릴 수 있는 용기가 생긴 것 같다. 내 심장이 다시 조금씩 요동치는 것을 느낀다.

| 서핑 보드가 놓인 설악해변

· · · ·

    낙산사를 돌아 나와 잠시 잊고 있었던 서핑의 명소, 설악해변으로 발걸음을 옮겼다. 내가 직접 서핑을 즐길 건 아니었고 서핑하는 사람들이 타는 파도의 형태를 보기 위해서다. 해안으로 밀려와 부서지는 파도의 모양은 해저면의 경사도에 따라 달라진다. 물론 해저면의 경사를 임의로 변경할 수 없으니 부서지는 파도의 여러 형태를 한 곳에서 한꺼번에 보기는 어렵다. 다만 이곳에서는 어떤 형태의 파도가 밀려오기에 서핑하는 사람들의 명소가 되었는지 궁금했다.

| 설악해변에서 서핑을 즐기는 사람들

· · · ·

해안가에는 서핑 보드가 여럿 놓여 있었고 서핑을 배우는 사람들도 간간이 눈에 띄었다. 설악해변은 한쪽에는 방파제, 다른 한쪽으론 낙산사가 있는 산으로 둘러싸여 매우 안정감을 주는 곳이었다.

밀려오는 파도를 살펴보니 파도가 높지 않고 잔잔히 밀려와 해안에 다다라서야 천천히 부서지는 형태를 보였다. 이는 수심이 급격히 변하지 않는 해저면의 경사가 완만한 곳에서 주로 나타나는 형태이다. 이를 증명해주듯 서핑을 즐기는 사람들을 유심히 관찰해보니 바다로 들어갔음에도 수면이 허리춤까지만 닿아 있는 것을 확인할 수 있었다.

부서지는 파도(쇄파)의 종류는 크게 3가지로 나눈다. 미끌림쇄파(Spilling Breaker), 휘말림쇄파(Plunging Breaker), 그리고 밀물쇄파(Surging Breaker)이다. 이곳 설악해수욕장에 밀어닥쳐 부서지는 파도는 미끌림쇄파로 보인다. 이런 형태의 파도가 밀려오므로 서핑을 처음 시작하거

| 설악해변에서 밀려와 부서지는 파도

나 배우는 사람들, 그리고 안전한 서핑을 즐기려는 서핑객들에게 안성
맞춤인 장소가 되는 것 같다. 해파의 발생 원리와 쇄파의 종류에 대한
좀 더 세부적인 이야기는 뒤에서 하기로 하겠다.

# 해파의 발생 원리와 쇄파(breaking wave)의 종류

대부분의 해파는 바람에 의해 발생되므로 이를 풍파(wind wave)라 한다. 바람이 불기 시작하면 해수면과의 마찰로 요철이 발생되고 이로 인해 더 많은 에너지가 해표면으로 전달된다. 이런 과정을 거치며 풍파는 점점 성장한다. 그런데 바람이 부는 해역에서는 딱 하나의 파만 생기는 것이 아니다. 불규칙한 바람과 해표면의 마찰에 의해 주기와 파장, 파고가 다양한 파들이 동시에 존재하게 되는데 이를 풍랑(sea wave)이라 한다. 수심이 충분히 깊은 심해에서 계속 바람이 분다면 풍파는 계속 커질 수 있다. 하지만, 바람이 계속 불더라도 바람으로부터 받는 에너지보다 쇄파로 부서지며 잃어버리는 에너지가 더 많아 어느 정도 이상으로는 풍랑이 자라지 못한다. 풍랑이 완전하게 발달하기 위해서는 일반적으로 바람의 평균 풍속이 파동의 이동 속도보다 빨라야 하며, 이런 상태로 약 3일 이상 같은 방향으로 계속 바람이 불어야 최대 풍랑이 발생될 수 있다.

풍역대에서 발생한 풍랑이 전파되어 풍역대 밖으로 나오면 파랑 경사가 줄어들어, 둥글고 형태가 비교적 단순하고 일정한 너울(swell)이 된다. 너울은 파장이 길어 에너지를 많이 잃지 않으므로 멀리 전파될 수 있는데, 이로 인해 바람이 불지 않는 곳에서도 큰 파도가 발생될 수 있다.

미국 캘리포니아 연안은 연중 서핑을 즐기기에 좋은 곳으로 알려져 있다. 그런데 캘리포니아 연안에서 서핑을 즐길 때 주변을 돌아보면 바람도 약하고 매우 쾌청한 날씨임을 흔히 목격할 수 있다. 앞서 파도는 바람에 의해 발생한다고 하였는데 이렇게 쾌청한 날씨에 어떻게 고난도 묘기를 펼칠 수 있는 큰 파도가 밀려올 수 있을까?

그 이유는 바로 이곳으로 밀려오는 파도는 캘리포니아 연안에서 부는 바람에 의해 발생한 것이 아니라 아주 먼 곳에서 발생된 풍랑이 너울의 형태로 멀리 전파되어왔기 때문이다.

| 풍랑과 너울의 발생원리

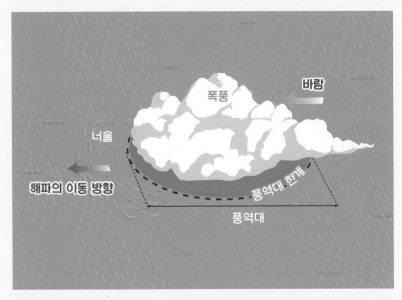

해안으로 밀려와 부서지는 파도의 종류는 크게 3가지로 나눌 수 있는데, 미끌림쇄파(Spilling Breaker), 휘말림쇄파(Plunging Breaker), 그리고 밀물쇄파(Surging Breaker)이다. 첫째, 미끌림쇄파는 수심 경사가 거의 없는 완만한 해안에서 발생하며 천천히 부서지는 쇄파이다. 에너지를 천천히 잃고 파봉이 파곡보다 속도가 천천히 빨라져 부서지는데, 어떤 쇄파보다 부서지는 시간이 오래 걸린다. 둘째, 휘말림쇄파는 수심 경사가 상대적으로 급한 해안을 만나 파고가 급격히 높아져 발생하는데 파도의 끝이 둥그렇게 휘말리는 형태를 보이며 부서지는 쇄파이다. 셋째, 밀물쇄파는 수심 경사가 매우 급한 해안을 만나 파고가 부서질 겨를이 없이 해안으로 밀려와 최종 단계에 이르러서야 결국 부서지는 쇄파이다. 파장이 긴 너울이 급한 경사를 만날때 발생하며, 해파의 아랫부분부터 부서

| 캘리포니아 연안의 쇄파

지기 시작하는 쇄파이다. 서핑을 즐기는 사람들 중 초보자는 미끌림쇄파에서 즐기는 것이 안전할 것이고, 숙련자는 휘말림쇄파에서 보다 역동적인 서핑을 즐기고 싶어 할 것이다.

| 쇄파의 종류

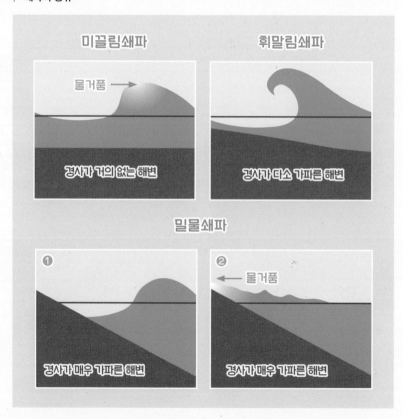

# 글을 마치며

이 글을 처음 쓰기 시작할 당시에는 내 글이 책으로 탄생할 거라고는 생각하지 못했다. 그냥 학생들을 가르치며 어떻게 하면 좀 더 재미있게 바다에 대해 알려줄 수 있을까를 생각하다 보니 조금씩 이야기가 늘어갔을 뿐이다.

사실 첫 번째 이야기를 쓸 땐 글이 그다지 매끄럽지 않았다. 머리로, 마음으로 느껴지는 다양한 감정들이 있었으나 글로 옮기는 게 결코 쉽지만은 않았기 때문이다. 우여곡절 끝에 첫 이야기를 쓰고 나서 가족들과 가까운 지인들에게 조심스레 말을 꺼냈을 때, 생각보다 좋은 반응이 돌아와 놀라기도 했다. 그렇게 정제된 글이 아니었음에도 말이다.

그러다 한번은 이런 걱정이 들었다. "나는 인문학을 전공한 사람도 아니고 그런 책을 쓴 적도 없는 초보 작가인데, 과연 나의 이야기와 내가 생각한 구성이 많은 사람들에게 통할 수 있을까?"

한참을 고민한 끝에 나는 '그 누구도 흉내 낼 수 없는 나만의 글을 써 내려 가겠다'고 다짐했다. 그리고 그건 바로 나의 인생 경험과 진심을 솔 직담백하게 담는 것이라 믿었다.

그렇다고 그 뒤의 글쓰기가 순탄하게만 진행되었을까? 물론 아니다. 때로는 너무 무미건조한 말들로만 도배되어 처음 생각했던 진솔함이 느껴지지 않아 '그만할까?' 하고 생각한 적도 있었다. 그런데 신기하게도 그런 순간이 올 때마다 나에게 힘을 주는 사람들이 나타났다.

내 생각과 느낌을 오롯이 담은 글로 표현할 수 있도록 도와준 이는 바로 첫째 아들 진석이었다. 뭔가 부족함을 느끼는데 그것이 무엇인지, 또 어떻게 해야 좋을지 모를 때, 아들은 내 이야기를 한참이나 들어주었다. 그리고 서로 이야기를 나누는 과정에서 내 생각이 정리되어갔고, 독자의 입장을 한 번 더 생각해 볼 수 있게 되었다. 말하자면 이 책에 영혼을 불어넣는 소중한 과정을 함께해준 것이다. 또 챕터가 완성될 때마다 글을 읽고 느낀 바를 가감 없이 솔직하게 이야기해준 아내(서영)와 둘째 아들 (진혁)도 큰 힘이 되었다.

처음 이 책을 쓴 동기는 '그냥 편하게 여행하며 해양 현상을 하나씩 알아볼 수 있다면 얼마나 좋을까? 일반인들과 자라나는 아이들이 바다를 좀 더 친숙한 존재로 여기고 해양 현상을 재미있게 바라보면 좋겠다.'라는 생각이었다. 그러나 신기하게도 이 글은 오히려 나에게 더 많은 것을 가르쳐주었다.

다른 이들에게 알려주려고 여행을 떠났고, 현장을 놓칠세라 연신 카메라에 사진을 담으려 노력했다. 여행 중에, 그리고 여행이 끝난 뒤 숙소에 돌아와 생각을 정리하며 당시의 감정을 잊을세라 글을 정리해나갔다. 한 문장 한 문장 글을 쓰면서 많은 생각이 떠올랐고 글을 다듬다 보니 가는 곳마다 내가 바라보는 나만의 관점과 나만의 느낌이 있다는 것을 알게 되었던 것이다. 아마도 이건 나의 굴곡진 인생사와 오랜 인생 경험 덕분일 것이다.

생각해 보면 내가 살아오면서 경험한 모든 것들이 의미가 있었다. 만약 내가 오랜 함정 생활을 해보지 않았고, 험난한 파도와 악기상을 마주해보지 않았다면 이 글이 탄생할 수 있었을까? 또 내가 사관학교에서 후학을 양성하는 기회를 갖지 못했다면 이 글을 쓰겠다는 생각을 할 수 있었을까? 또 사관학교에서부터 박사학위를 받을 때까지 해양학을 전공하지 않았다면 이런 글이 탄생할 수 있었을까? 그러고 보면 모두가 우연처럼 다가온 일인데, 마치 오래전부터 필연처럼 엮여 있었던 것이 아닐까 생각된다.

지금 문득, 오래전 누군가가 이상하게도 나를 볼 때마다 쉽고 재미있는 해양학 책을 꼭 쓰라고 이야기해 주었던 기억이 떠올랐다. 그때는 그냥 대수롭지 않게 넘겼었는데, 나도 모르는 그런 열망이 내 마음 깊숙한 곳에 자리하고 있었는지도 모르겠다. 그러다가 어느 날 나도 모를 내면의 어떤 힘에 이끌려 펜을 들고 있었으니 말이다.

그렇게 이 책은 단순한 여행 이야기가 아니라, 나의 인생 여행 이야기가 되어 있었다. 내가 쓴 글이 오히려 나를 돌아보게 하고 나에게 위로와 희망을 주었다. 처음에는 작은 여행으로 시작한 것이, 어느 순간 내 인생의 여행이 되어준 셈이다.

"바다 그리고 여행"은 나에게 이런 의미를 가지는 책이다.

혹시라도 책 쓰기를 망설이는 사람들이 있다면 나도 처음엔 그러하였다고 말해주고 싶다. 그래서 이런 작업이 또 누군가에게 신선한 자극이 될 수 있었으면 좋겠다. 만약, 이 책을 읽고 뭔가 모를 강한 이끌림을 느끼는 이가 있다면 이 글은 그에게 도깨비가 되어준 것이리라.

이번 여행을 통해 나는 오래전의 과거부터 현재까지 다시 한번 필름을 되돌려보는 소중한 시간 여행을 한 것 같다. 그래서 지금부터는 이전과는 다른 새로운 인생 여정이 시작될 것만 같아 가슴이 두근거린다.

처음엔 작은 물방울로 태어나 물웅덩이로, 물웅덩이에선 시냇물로, 시냇물에서 강물, 강물에선 다시 바다로 점점 나아가는 것과 같이 세월과 경험은 우리를 더 성숙하게 만든다. 더 큰 시야로 더 넓은 세상을 누빌 수 있게 해주기에 감히 난 '인생은 바다 가는 길이다.'라고 말하고 싶다. 어릴수록 더욱 상처받고 힘들어하는 것도, 그때는 웅덩이에 불과하기에 흙을 만나면 금방 흙탕물로 온 마음이 변하기 때문이고, 결국은 그런 지저분한 물들도 경험과 자산이 되어 더 큰 시냇물이, 그리고 강물이 되어간다.

이는 마치 우리가 인생에서의 시련과 고난을 어떻게 받아들여야 할지 자연이 가르쳐주는 것만 같다. 우리가 바다를 좋아하고 자꾸만 바다가 있는 곳으로 여행을 떠나는 것도 어쩌면 저 드넓은 바다를 닮고 싶은 우리의 소망 때문일지도 모른다. 그러니 난 이 책의 독자들이 바다에 대하여 좀 더 관심을 가지고 알아가 보았으면 좋겠다. 우리 모두가 누군가의 태평양이 되어 곁에서 위로와 힘을 줄 수 있는 사람이라는 것을 기억하며 말이다. 여러분들의 인생 여정에 이 책이 자그마한 물방울 만큼이라도 보탬이 되었으면 하는 마음에 이렇게 글을 남긴다.

"인생은 바다 가는 길!"

끝으로 이 책이 출간될 수 있도록 원고 투고 시부터 출판까지 전 과정에서 많은 도움을 주신 박영사의 최동인 대리님, 편집과 교정과정에서 친절과 정성으로 노력해주신 김다혜 대리님, 그리고 감성적인 표지 디자인과 삽화 제작에 노력해주신 권아린님께 감사의 말을 전한다.

• 저자 소개 **변상신**

변상신 교수(ssbyun2@gmail.com)는 해군사관학교 해양학과를 졸업한 후 성
균관대학교에서 해양공학 석사과정을 마쳤으며, 서울대학교에서 해양물리
학 박사 학위를 취득하였다. 박사과정 중 미국 Woods Hole Oceanographic
Institution에서 연구하였고, 한국해양학회로부터 전국에서 단 1명에게 수여하
는 최우수 박사학위 논문상(특별학술상 삼각상)을 수상하기도 하였다.
해군 함정병과 장교로서 광개토대왕함 전투정보관, 고속정 정장, 편대장, 해양
정보단 대잠분석평가과장, 해양정보함 함장 등 주요 직책을 두루 거치며 학문
과 현장 경험을 겸비하였다.
현재는 해군사관학교에서 해양학과 교수로 재직하며 후학 양성에 힘쓰고 있다.
대표 저서로 "R 해양 빅데이터 분석", 주요 기고문으로 "오늘도 영혼을 담는다"
가 있으며, 국무총리 표창, 국방부장관 표창, 합참의장 표창 등 다수의 표창을
수상하였고, 2017년 우수지휘관 선발 및 2022년 해군사관학교 우수교수에 선
정된 바 있다.

# 바다 그리고 여행

| | |
|---|---|
| 초판발행 | 2024년 8월 20일 |
| 지은이 | 변상신 |
| 펴낸이 | 안종만·안상준 |
| 편 집 | 김다혜 |
| 기획/마케팅 | 최동인 |
| 표지디자인 | 권아린 |
| 제 작 | 고철민·김원표 |
| 펴낸곳 | (주) **박영사** |
| | 서울특별시 금천구 가산디지털2로 53, 210호(가산동, 한라시그마밸리) |
| | 등록 1959. 3. 11. 제300-1959-1호(倫) |
| 전 화 | 02)733-6771 |
| f a x | 02)736-4818 |
| e-mail | pys@pybook.co.kr |
| homepage | www.pybook.co.kr |
| ISBN | 979-11-303-2000-7   93300 |

| | |
|---|---|
| 정 가 | 18,000원 |